Andrea Pabel

DAS WILDPFERD AUS DEN ROTEN BERGEN

Zwei Fohlen, zwei Freunde

SCHNEIDER BUCH

CIP-Titelaufnahme der Deutschen Bibliothek

Pabel, Andrea:
Das Wildpferd aus den roten Bergen / Andrea Pabel. –
München : F. Schneider.

Bd. 7. Zwei Fohlen, zwei Freunde. – 1990
ISBN 3-505-04307-9

Hrsg.: Helga Wegener-Olbricht

Titelbild und Illustration: Ines Vaders
Umschlaggestaltung: Claudia Böhmer
Lektorat: Helga Wegener-Olbricht
Herstellung: Dietmar Schwingenschlögl
Satz/Druck: Presse-Druck Augsburg
ISBN: 3-505-04307-9

Goldenes Fohlen,
Abbild der Sonne,
tanzt in den Blumen,
spielt mit dem Wind.

Lied der Apachen

INHALT

Auf der kargen und wilden Hochebene New Mexicos, der Mesa, gibt es auch heute noch einige Herden wildlebender Pferde. Die Menschen in den indianischen Reservaten sind oft so arm, daß sie manche ihrer Zucht- und Arbeitspferde im Winter sich selbst überlassen müssen. Die Herden streifen frei umher und suchen sich ihr Futter selbst. Einige dieser halbwilden Pferde kehren aber im Frühjahr nicht mehr in die Pueblos zurück, sie lassen sich nicht mehr einfangen.

So wurden sie im Laufe der Jahre und Generationen zu Wildpferden der Mesa in den Bergen.

Die edle Zuchtstute Nesha aus dem indianischen Pueblo war in einem sehr kalten Winter zu der Herde des legendären pechschwarzen Wildhengstes El Moro gestoßen. Nur wenige Menschen hatten diesen ungezähmten Hengst jemals gesehen, aber die Indianer erzählten Wunderdinge von ihm und daß er magische Kräfte besitze. Als Nesha nach zwei Jahren ihren Weg zurück zu den Menschen fand, brachte sie ein wildes kleines Fohlen mit, das zu der Stute heranwuchs, von der diese Geschichte handelt – der schwarzen Stute Biba. Es ist auch die Geschichte des schönen Stutfohlens Sameda und der kleinen Schecke Mira. Gemeinsam lernen die beiden Pferdekinder Vertrauen und ihre Ängste zu überwinden.

Bernice weiß Rat

Das goldrote Fohlen stand in der Sonne und döste. Sein Fell schimmerte seidig, es hatte die Augen geschlossen. Ein warmer Frühlingswind bewegte sanft die Zweige der Baumwollbäume. Der Himmel war strahlend blau, nur über den rötlichen Bergen türmten sich leuchtendweiße Wolkenschiffe.

Johanna stützte sich mit den Ellenbogen auf die oberste Zaunlatte. Nachdenklich betrachtete sie das Stutfohlen. Seit der Tierarzt es bei seiner Geburt vor einer Woche geimpft hatte, ließ es sich nicht mehr anfassen.

Langsam öffnete das Mädchen das Gatter und ging in die Koppel. Johannas Rappstute Biba wandte den Kopf und wieherte leise.

„Meine gute Biba“, begrüßte Johanna sie. „Kannst

du deinem Fohlen nicht beibringen, daß es keine Angst vor mir zu haben braucht?“

Biba kam auf Johanna zu. Sie liebte Bibas große, dunkle Augen und ihre feine Wesensart. Sie strich ihrer Stute zärtlich über den Hals. Zwischen dem Mädchen und der schwarzen Stute war ein tiefes Vertrauen.

„Wir gehören einfach zusammen, nicht wahr, Biba?“ Johanna lächelte. „Wir haben ja auch schon viel zusammen erlebt!“

Sie erinnerte sich daran, wie sie die Stute wochenlang gepflegt hatte, als die eine schwere Verletzung am Bein hatte. Sie dachte an die vielen Ritte in die Berge, die sie zusammen unternommen hatten. Dort waren sie Bibas Vater, dem legendenumwobenen Wildhengst El Moro, begegnet.

„Ein Glück, daß wir seine Herde vor den Pferdefängern retten konnten“, meinte Johanna. „Und dann ist Talio zu uns gekommen!“ Das Mädchen sprach oft mit seinem Pferd.

Johanna hatte sich des verwaisten Wildpferdfohlens angenommen. Trotz aufopfernder Pflege und geduldiger Erziehungsversuche blieb Talio immer ein Wildpferd. Sein einziger Wunsch war es, wieder frei zu sein. Schließlich hatte Johanna sich schweren Herzens dazu entschlossen, ihn in die Berge zurückzubringen.

„Ich hatte mir so gewünscht, daß dein Fohlen zahm

und vertrauensvoll ist", sagte sie leise zu Biba. „Nun ist es fast so scheu wie Talio!"

Das Mädchen sah zu dem Fohlen hinüber. Es war in ziemlichem Abstand stehengeblieben; nun sog es mißtrauisch Johannas Geruch in seine feinen Nüstern und schnaubte.

„Sameda", rief Johanna leise, „du brauchst doch keine Angst vor mir zu haben!"

Sie ging in die Knie, damit sie nicht so groß und bedrohlich auf das Fohlen wirkte. Schritt für Schritt ging sie langsam auf Sameda zu. Aber als sie bis auf ein paar Meter herangekommen war, warf das Fohlen sich plötzlich herum und rannte schutzsuchend an die andere Seite seiner Mutter.

Johanna war niedergeschlagen. Da hörte sie jemanden ihren Namen rufen. Ihre Freundin Betsy kam den Weg zur Weide hinuntergelaufen und winkte. „Wie geht es mit Sameda?" fragte Betsy.

„Sie ist immer noch so scheu", sagte Johanna bedrückt. „Ich war jeden Tag hier, aber sie läßt mich einfach nicht mehr an sich heran."

„Es war sicher ein mächtiger Schreck für sie, als wir sie festhalten mußten, damit der Tierarzt ihr die Spritzen geben konnte", meinte Betsy.

„Goldies Fohlen ist auch geimpft worden und läßt sich trotzdem anfassen", sagte Johanna.

„Immerhin ist Sameda zu einem Viertel ein Wildpferd", gab Betsy zu bedenken. „Vielleicht schlägt ihr Großvater El Moro bei ihr durch."

„Ich wollte so gern ein Fohlen, das Menschen mag", meinte Johanna. „Biba ist ein halbes Wildpferd, und ich kenne kaum ein Pferd, das so schnell lernt und so viel Vertrauen zu Menschen hat wie sie."

„Das stimmt." Betsy nickte. „Sie wurde aber auch nie schlecht behandelt. Du weißt, mit wie viel Geduld und Respekt sie ausgebildet wurde."

„Ich habe schon so viel mit Sameda versucht", sagte Johanna. „Schade, daß Dan nicht mehr lebt. Er wüßte sicher einen Rat."

Betsy schwieg nachdenklich. Der alte Indianer Dan Lachender Waschbär war kurz vor der Geburt der Fohlen gestorben. Auch Betsy vermißte Dan. „Ich habe eine Idee", sagte sie schließlich. „Wir könnten Bernice bitten, sich Sameda einmal anzusehen. Sie hat viel Erfahrung!"

Johanna atmete tief ein. „Darauf bin ich gar nicht gekommen", meinte sie. „Sicher hat sie ein paar gute Ratschläge auf Lager."

Bernice war eine lebenslustige alte Dame, die Johanna auf ihrem ersten Distanzritt mit Biba begleitet hatte. Später war sie mit den beiden Mädchen zwei Wochen lang auf einem Wanderritt in den Bergen unterwegs gewesen. Sobald sie nach Hause kam, rief Johanna

Bernice an.

„Biba hat ein Fohlen bekommen!“ rief die alte Dame erfreut. „Kind, und das sagst du mir jetzt erst!“

„Ich war so mit Sameda beschäftigt, daß ich es vergessen habe“, gestand Johanna.

„Nicht so schlimm“, meinte Bernice vergnügt. „Ich habe in meinem Leben jede Menge Menschen, Hunde und Pferdekinder großgezogen. Dein Stütchen wird seine Scheu schon noch verlieren. Wollen wir uns morgen um drei bei Johnsons Farm treffen?“ fragte Bernice.

„Abgemacht!“ rief Johanna. „Vielen Dank und bis morgen!“

Als Johanna am nächsten Tag in die Einfahrt zu Johnsons Farm bog, sah sie dort ein schwarzes, uraltes Auto. Das kann nur Bernice sein, dachte sie. Die alte Frau hatte eine Vorliebe für abenteuerliche Fahrzeuge. Johanna erinnerte sich noch gut an das hellblaue Motorrad, mit dem Bernice ihre Trainingsstrecke für den Distanzritt abgefahren war.

„Hallo, Johanna!“ hörte sie da die wohlbekannte Stimme. Bernice tauchte hinter dem Auto auf. Sie trug Jeans und Turnschuhe, ein kariertes Hemd und einen gelben Sonnenhut. Begeistert klopfte sie auf die Heckklappe des Autos. „Na, was sagst du dazu? Ist das nicht ein Prachtstück? Mein Söhnchen Pat hat es für mich hergerichtet.“ Ihre grauen Augen blitzten. „Alte Autos und gute Pferde halten mich jung“, lachte sie. „Nun zu deinem Fohlen, Kind. Wo steckt es denn?“

„Auf der Weide“, antwortete Johanna. Bald waren sie am Tor angelangt. Von den Pferden war nichts zu sehen. Johanna pfiff und rief Bibas Namen. Kurz darauf hörte sie Bibas helles Wiehern und das Trappeln ihrer Hufe; dann tauchte die schwarze Stute hinter einem Hügel auf. An ihrer Seite galoppierte Sameda leichtfüßig dahin.

„Donnerwetter“, rief Bernice, „das Fohlen hat wunderschöne Bewegungen. Mit solchen Gängen kann es einmal ein hervorragendes Reitpferd werden.“

Biba kam an den Zaun, um Johanna zu begrüßen. Sameda aber blieb etwas entfernt stehen und sah mißtrauisch zu Bernice und Johanna hinüber. Ihre wolligen Ohren spielten aufmerksam, der kleine Schweif schlug nervös hin und her.

„Warum ist sie immer noch so mißtrauisch?“ fragte Johanna.

„Sieh sie dir genau an“, meinte Bernice. „Schau, wie hoch sie den Kopf hält. Man kann deutlich sehen, wie sie den Unterhals herausdrückt. So ist sie in Fluchtstellung. Ihr ganzes Wesen ist nur auf Flucht ausgerichtet. Durch diese Kopfhaltung wird in ihrem Körper Adrenalin freigesetzt. Das ermöglicht ihr, innerhalb einer Sekunde zu reagieren und fortzulaufen. Du bist doch sicher auch schon einmal erschrocken und plötzlich zusammengezuckt."

„Das stimmt", sagte Johanna. „Manchmal mache ich eine Bewegung, bevor ich überhaupt denken kann."

„Siehst du, das ist der Punkt: Es ist eine unwillkürliche Reaktion, ohne nachzudenken. Bei Pferden ist das der Fluchtinstinkt. Er ist tief in ihrem Wesen verankert. Ohne ihn könnten sie in freier Wildbahn nicht überleben."

„Du meinst, sie könnten nicht schnell genug fliehen?" fragte Johanna.

Bernice nickte. „Pferde sind von Natur aus Fluchttiere. Raubtiere zum Beispiel sind keine Fluchttiere, sie kämpfen, wenn sie sich bedroht fühlen. Ein Pferd aber mußte früher in der Lage sein, auf das geringste Geräusch hin sofort in höchster Geschwindigkeit davonzulaufen. Sein Fluchtinstinkt ist ein Überlebensmechanismus. Jedes Geräusch könnte ja ein Raubtier sein, eine tödliche Gefahr. Ein Pferd in freier Wildbahn konnte es sich nicht leisten, lange zu überlegen!"

„Das verstehe ich nicht ganz", meinte Johanna. „Pferde sind doch sehr intelligente Tiere. Sie können sogar sehr gut denken."

„Sie können es lernen, selbstverständlich", sagte Bernice. „Ich spreche ja auch nur vom Fluchtinstinkt. In der Fluchthaltung kann ein Pferd nicht denken, das verhindern die Vorgänge in seinem Gehirn. Wenn du

2 4307-8

erschrickst, kannst du auch für ein paar Sekunden nicht klar denken, stimmt's? Du folgst deinem Instinkt und reagierst automatisch, reflexartig."

Johanna nickte zustimmend.

„Stell dir vor, ein Wildpferd hört ein Geräusch hinter sich und wendet sich um, um zu sehen, was dort ist. Ist es ein Raubtier, hat das Pferd bereits wertvolle Sekunden und damit meist sein Leben verloren. Sinnvoller ist es für ein Wildpferd, einmal zuviel davonzulaufen, als gefressen zu werden."

„Du meinst, daß Sameda noch immer so scheu ist, weil diese Mechanismen bei ihr wirken?"

„Ja", sagte Bernice. „In der Haltung, die sie nun hat, kann sie nur an Flucht denken. Es ist eine Art Teufelskreis. Durch die Haltung, die sie sich durch den Schock des Impfens angewöhnt hat, kann sie nur ans Weglaufen denken. Dies ist nun ihre gewohnheitsmäßige Haltung Menschen gegenüber geworden. Und solange sie nur an Flucht denken kann, wenn sie Menschen sieht, wird sich auch ihr Verhalten nicht ändern."

„Was kann ich da tun? Ich will ihr doch helfen!"

„Sameda kann und muß lernen, nachzudenken. Sobald sie den Kopf nicht mehr so verkrampft hochwirft, wird weniger Adrenalin in ihrem Organismus freigesetzt werden, und sie kann klar denken und neue Impulse wahrnehmen."

Johanna schwieg einen Augenblick. „Haben denn

alle Pferde diesen Fluchtinstinkt? Biba würde niemals einfach durchgehen, weil sie hinter sich ein Geräusch hört."

„Sie hat gelernt, ihren Fluchtinstinkt zu beherrschen und dadurch Selbstkontrolle bekommen. Jedes Pferd hat von Natur aus diesen Fluchtinstinkt. Du kannst es dir wie verschiedene Schichten vorstellen: Der Fluchtinstinkt ist die primitivste und tiefste Schicht im Wesen eines Pferdes. Es kann aber lernen, zu denken und nicht nur blindlings zu reagieren."

„Ein Glück", sagte Johanna, „sonst wäre das Reiten ja eine gefährliche Angelegenheit."

„Und ob! Wie du weißt, gibt es Pferde, die ihren Fluchtinstinkt nicht wirklich zu beherrschen gelernt haben. Das sind die Pferde, die bei der geringsten Kleinigkeit in Panik geraten und durchgehen, eine gefährliche Angewohnheit."

„Wenn ein Pferd einmal gelernt hat, nachzudenken, ehe es losstürmt, hat es dann gar keinen Fluchtinstinkt mehr?" wollte Johanna wissen.

Bernice schüttelte den Kopf. „Nein, so einfach ist es auch wieder nicht. Ein Pferd ist und bleibt ein Fluchttier."

Sie überlegte einen Augenblick. „Ein Pferd kann zwar instinktmäßig reagieren und fliehen. Es vermag aber auch neue Eindrücke und Impulse, neue Verhaltensmuster zu lernen und dann anders zu reagieren. Alle

Tiere sind lernfähig, Pferde ganz besonders!"

Johanna sah Bernice an. „Du meinst, daß Pferde verschiedene Möglichkeiten haben, sich zu verhalten, zwischen denen sie wählen können?"

„Genauso ist es, Kind. Sie sind intelligente Lebewesen, mit der Möglichkeit, sich für mehrere Verhaltensmöglichkeiten zu entscheiden."

„So habe ich noch nicht über sie nachgedacht", sagte Johanna. „Das ist spannend, Bernice. Wie bringe ich meiner kleinen Sameda das richtige Verhalten bei?"

„Es ist gar nicht so schwierig", antwortete Bernice. „Als erstes soll sie lernen, den Kopf zu senken, wenn sie Menschen sieht, anstatt ihn hochzuwerfen. Allein durch diese veränderte Haltung wird sie allmählich ein anderes Verhalten zeigen. Wenn ein Pferd den Kopf tief hält, ist es in vertrauensvoller Ruhestellung. So dösen Pferde in der Sonne, und so fressen sie auch. Nimm eine Futterschüssel mit und stell sie zwischen dir und dem Fohlen auf den Boden. Du wirst sehen, es wird nicht lange dauern, bis Sameda daran interessiert ist und darauf zugeht – mit gesenktem Kopf. Dann kannst du ganz vorsichtig anfangen, sie zu berühren. Auf keinen Fall aber darfst du sie festhalten. Sie muß das Gefühl haben, daß sie sich jederzeit wieder zurückziehen kann, um langsam Vertrauen zu dir zu gewinnen und keine Angst mehr zu haben."

„Ich könnte sie doch auch aus der Hand füttern",

schlug Johanna vor.

„Das hat einen Nachteil: Dadurch kann sie sich leicht das Knabbern angewöhnen. Fohlen neigen sowieso dazu, spielerisch zu zwicken. Das sollen sie sich gar nicht erst angewöhnen. Ich selbst füttere meine Pferde nur im Ausnahmefall aus der Hand. Es ist lästig, wenn ein Pferd einen ständig anstößt, schnappt und in den Taschen nach Futter sucht."

„Ich gehe schnell eine Futterschüssel holen", sagte Johanna und ging zum Stall zurück. Bald kam sie zurück. Sie öffnete das Gatter und ging mit der Schüssel vorsichtig auf Sameda zu. Dann stellte sie die Schüssel auf den Boden und kniete sich daneben hin. Da kam auch schon Biba auf die Schüssel zu. Johanna hob die Hand, um sie zurückzuhalten.

„Halt!" rief Bernice. „Laß Biba ruhig fressen. Pferde können viel durch Zuschauen lernen. Wenn du Biba jetzt zurückhältst, wird Sameda annehmen, daß du auch sie zurückhalten würdest, wenn sie zur Futterschüssel käme. So aber kann sie sehen, daß in der Schüssel etwas Gutes ist, und wird es bald ihrer Mutter nachmachen wollen. Fohlen schauen viel von ihren Müttern ab. Ich glaube, daß du mit Sameda nicht lange Schwierigkeiten haben wirst, weil Biba eine so positive Einstellung zu Menschen hat. Sie hat Vertrauen!"

Biba hatte schnell die Futterschüssel leer gefressen. Sameda stand mit aufmerksam gespitzten Ohren da und beobachtete die schwarze Stute genau.

„Mach das ein paarmal", riet Bernice. „Dann nimm Biba zum Zaun und binde sie an, damit sie nicht alles auffressen kann. In ein paar Tagen wird Sameda ihre Scheu überwunden haben." Bernice warf einen Blick auf ihre Uhr. „Meine Güte, Kind, ich muß gehen. Ruf mich an, und erzähle mir, ob dein Stütchen Fortschritte macht!"

Johanna schob die Futterschüssel langsam auf das Fohlen zu. Bernice hatte recht: Sameda warf nicht mehr ängstlich den Kopf in die Höhe, sie hielt ihn erwartungsvoll gesenkt. Ihre feinen Nüstern weiteten sich, die Ohren spielten aufmerksam.

„Komm, Sameda", lockte Johanna. „Du hast nun schon oft gesehen, wie Biba aus der Schüssel gefressen hat. Du brauchst keine Angst mehr zu haben!"

Die sanften Worte schienen die kleine Stute zu beruhigen. Schritt für Schritt näherte sie sich der Futterschüssel. Sameda streckte ihren Hals, so weit sie konnte; fast berührte ihr Maul schon den Rand der Schüssel.

„Siehst du, es ist doch gar nicht schlimm", sagte Johanna. „Bald wirst du deinen Schock vergessen haben. Die Impfungen mußten sein, weißt du. Ich möchte doch, daß du gesund bleibst und groß und kräftig wirst, so wie Biba!"

In den Augen des Fohlens war keine Angst mehr, nur noch Vorsicht und Neugierde. Mit der Oberlippe versuchte es, die Schüssel näher zu sich heranzuziehen. Johanna streckte die Hand ganz langsam aus, um das Fohlen nicht zu erschrecken. Mit einer ruhigen Bewegung schob sie die Schüssel noch näher auf Sameda zu. Das goldrote Fohlen prustete zufrieden in die Haferkörner. Die flogen nach allen Seiten, und Sameda schüttelte erstaunt den Kopf.

Johanna lachte. „Du sollst sie doch fressen, nicht hineinblasen!“

Sameda machte das Spiel mit der Schüssel und den Haferkörnern Spaß. Sie stieß an die Schüssel und ließ den Hafer in alle Richtungen fliegen. Dabei gerieten aber doch ein paar Körner zwischen ihre Lippen. Sie hielt inne und kaute bedächtig. Es schien ihr zu schmecken, sie suchte nach weiteren Körnern. Bald hatte sie den Inhalt der Schüssel entweder gefressen oder verstreut. Johanna zog die Schüssel näher zu sich und rutschte ein Stück von Sameda weg. „Für heute reicht es, meine Kleine“, sagte sie. „Morgen komme ich wieder. Dann freust du dich vielleicht, mich zu sehen.“

Das Fohlen hielt die Ohren gespitzt, als höre es Johanna genau zu. Es sah dem Mädchen nachdenklich nach, als Johanna zum Gatter ging.

Von nun an wurde Sameda jeden Tag zutraulicher.

Längst warf sie nicht mehr angstvoll den Kopf in die Höhe, wenn sie Johanna kommen sah.

„Heute möchte ich sie das erste Mal anfassen", sagte Johanna zu ihrem Freund Ben, der mit zur Koppel ging.

Ben war ein schlanker, hochgewachsener Junge mit dichten braunen Locken. Er mochte Pferde, wenn er sie auch nicht so liebte wie Johanna. An seiner Seite trottete sein zahmer Wolf Kudjo. „Du mußt draußen bleiben", sagte Ben zu ihm.

Johanna strich dem Wolf über den Kopf. „Wir wissen ja, daß du den Fohlen nichts tun würdest", sagte sie. „Ich möchte nur nicht, daß sie erschrecken. Schließlich bist du ein Wolf und genauso groß wie Sameda!"

Kudjo legte den wolligen Kopf schief und hörte Johanna zu. Dann setzte er sich ruhig hin, während Johanna das Gatter öffnete. Sie rief Bibas Namen und pfiff leise. Bald hörte sie das vertraute Wiehern der Stute und das Trappeln ihrer Hufe. Dann tauchte Bibas edler Kopf über der Hügelkuppe auf, gefolgt von ihrem Fohlen.

„Sameda ist wirklich ein besonderes Fohlen", sagte Ben bewundernd. „Sie bewegt sich so anmutig wie eine kleine Gazelle."

Biba kam vor Johanna zum Stehen. Sie hielt ihr die Schüssel hin und ließ die Stute ein Maulvoll nehmen. „Der Rest ist für Sameda", sagte sie dann und streifte der schwarzen Stute ihr Halfter über.

„Was fütterst du?“ wollte Ben wissen.

„Ein Gemisch aus gequetschtem Hafer, Apfelstückchen, Gelberübenschnitze und etwas trockenem Brot“, antwortete Johanna. „Ich darf Sameda nicht zuviel Hafer füttern, sie bekommt nur eine kleine Handvoll.“

Das Fohlen hatte sich Johanna bis auf einen Schritt genähert. Das Mädchen stellte die Schüssel auf den Boden und setzte sich daneben. Sameda begann ohne Zögern zu fressen. Langsam streckte Johanna die Hand aus. „Du brauchst nicht zu erschrecken“, sagte sie leise, dann berührte sie sanft die Schulter des Fohlens.

Sameda zuckte zusammen, aber dann wandte sie den Kopf und beschnupperte Johannas Hand eingehend. Sie bewegte die weichen Lippen an Johannas Arm entlang und blies ihr den warmen Atem ins Gesicht. Johanna lachte. „Sameda, das kitzelt!“

Das Fohlen schnaubte und wandte sich dann wieder seinem Futter zu. Johanna ließ ihre Hände einfühlsam über den kleinen Fohlenkörper gleiten. Sameda wandte sich ein paarmal um, um zu sehen, was Johanna machte, aber sie rannte nicht davon. Endlich hatte sie die Schüssel leer gefressen, und Johanna ging langsam zum Zaun. Sameda lief ihr ein paar Schritte nach. Sie blieb stehen, als sie Ben sah.

„Ich glaube, der Bann ist gebrochen“, sagte Johanna

zufrieden. „Vielleicht erinnerst du sie vage an den Tierarzt, und sie ist daher noch ein wenig zurückhaltend. Aber sie ist nicht davongelaufen oder meiner Berührung ausgewichen. Sie hat sich meine Hände angesehen und begriffen, daß sie sich nicht vor mir zu fürchten braucht. Sie macht neue Erfahrungen, so wie Bernice gesagt hat!“ Johanna sah zufrieden zu ihrem Fohlen hinüber. Dann umarmte sie Ben stürmisch. „Ich freue mich so über Samedas Fortschritte!“ rief sie mit funkelnden Augen.

Ben zog sie fest an sich. „Das ist ja auch kein Wunder bei so einer geduldigen Lehrerin. Ich kenne niemanden, der so viel Geduld mit Pferden hat“, meinte Ben zärtlich.

„Ich möchte einfach, daß sie ein Pferd wird, das Vertrauen hat und gern mit Menschen zusammenarbeitet. Wenn man Pferde zwingt, zu gehorchen, werden sie stumpf und haben keine Freude mehr am Zusammensein mit Menschen.“

„Da hast du allerdings recht“, sagte Ben. „Ich wollte, daß viel mehr Menschen diese Einstellung hätten. Bestimmt gäbe es dann mehr glückliche Pferde.“

„Und mehr Menschen, die mit ihren Pferden glücklich sind“, fügte Johanna hinzu. „Es macht doch viel mehr Spaß, ein Pferd zu haben, das mitmacht und Freude an seiner Arbeit hat, als eines, das nur unter Zwang tut, was man von ihm verlangt.“

Ben nickte. Der Frühlingsnachmittag ging zu Ende. Die Sonnenstrahlen tauchten Biba und ihr Fohlen in goldenes Licht, als sie langsam zu den anderen Pferden zurückgingen. Der Duft von Salbeibüschen lag in der Luft, in einer Baumkrone begann ein Vogel des Hochlands zu singen.

Ein Fohlen lernt Vertrauen

„Betsy hat angerufen!" rief Johannas jüngerer Bruder Florian, als sie nach Hause kam.

Johanna ging zum Telefon, um ihre Freundin zurückzurufen. Gleich meldete sich Betsys fröhliche Stimme. Johanna erzählte ihrer Freundin von dem neuen Erlebnis mit Sameda.

„Das ist schön", sagte Betsy. „Weißt du, was wir in diesem Jahr über den Fohlen ganz vergessen haben?"

Johanna überlegte. „Unseren Frühjahrsputz!" rief sie.

Die Mädchen nahmen sich jedes Frühjahr einen Tag lang Zeit, um all ihr Sattel- und Zaumzeug gründlich zu putzen und einzufetten. Natürlich wurden einzelne Teile das Jahr über regelmäßig gereinigt und gepflegt. Aber bei ihrem Frühjahrsputz nahmen die Mädchen es besonders genau, und die Arbeit machte zu zweit mehr Spaß als allein.

„Wie wäre es morgen nachmittag?“ schlug Johanna vor.

Betsy war einverstanden. „Soll ich Blaubeerkuchen backen?“ fragte sie.

„Unbedingt!“ rief Johanna. „Sie sind das Beste am ganzen Frühjahrsputz, das weißt du doch! Ich bringe guten Tee mit, und dann machen wir uns einen schönen Nachmittag.“

Die Mädchen trafen sich am nächsten Tag bei Johnsons Farm. Betsy hatte all ihr Sattelzeug mitgeschleppt. Sie breiteten ihre Halfter, Kopfstücke und Sättel auf einer alten Decke in der Sonne aus. Johanna holte einen Eimer mit warmem Wasser, Sattelseife, einen Sack mit Lappen und das Sattelfett. Schließlich holte sie noch einen anderen alten Sattel und eine Menge verstaubtes Lederzeug.

„Das ist doch Dans alter Sattel, nicht wahr?“ fragte Betsy.

Johanna nickte. Sie strich nachdenklich über das brüchige Leder. „Ja“, sagte sie. „Erinnerst du dich? Onkel Harvey hat es mir nach Dans Tod geschenkt, weil Rose bei uns ihr Gnadenbrot bekommt. Ich möchte zum Andenken an Dan seine Sachen immer pflegen.“

„Das ist gut“, meinte Betsy. „Ich werde dir dabei helfen.“

Bald waren die Mädchen eifrig damit beschäftigt, jedes Kopfstück und jeden Sattel auseinanderzuschnallen. Danach reinigten sie alle Teile mit Sattelseife und warmem Wasser. Johanna hatte das Radio geholt und ihren Lieblingssender eingestellt. Die Nachmittagssonne schien warm, es roch nach Leder und Sattelseife.

„Es ist eine Menge Arbeit, Pferde zu haben“, erklärte Betsy, nachdem sie mühsam ein hart gewordenes Kopfstück auseinandergeschnallt hatte.

„Das stimmt“, sagte Johanna. „Die meisten Leute, die selbst keine Pferde haben, machen sich keine Vorstellung davon. Sie denken, man reitet aus, wenn man gerade Lust hat, und damit sei der Fall erledigt.“

Betsy lachte. „Dabei gehört soviel mehr dazu: Füttern, Tränken, Ställe misten und Weiden pflegen, die Pferde putzen und das Sattelzeug instand halten.“

„Und vergiß nicht, wieviel Stunden wir schon damit zugebracht haben, Zäune zu flicken!“

„O ja, und denk nur an all unsere Blasen und blauen Finger- und Zehennägel! Man muß sich eben jeden Tag um Pferde kümmern, ob man gerade Lust hat oder nicht, ob es regnet oder die Sonne scheint“, meinte Johanna.

„Aber all die Mühe und Arbeit lohnt sich“, sagte Betsy und lächelte.

„Ganz bestimmt. Ich kann mir nichts Besseres vorstellen. Ich glaube, man muß sich selbst um seine Pferde kümmern und viel Zeit mit ihnen verbringen, um ein gutes Verhältnis zu ihnen zu haben und sie wirklich zu kennen."

Betsy nickte und griff nach einem neuen Lappen. Schließlich hatten die beiden alles gründlich gereinigt.

„Nun haben wir eine Teepause verdient, meinst du nicht auch?" fragte Betsy.

„Und ob!" rief Johanna und sprang auf, um Tassen und die Thermoskanne mit dem Tee zu holen.

Betsy breitete eine große Serviette aus und legte ihre Blaubeerkuchen darauf.

„Sie riechen so gut", sagte Johanna und goß Tee ein. Die Mädchen saßen in der Sonne, ließen es sich schmecken und redeten. Nach einer Weile machten sie sich wieder an die Arbeit. Sie fetteten jedes Lederteil einzeln ein. Betsy entdeckte einen eingerissenen Zügel und legte ihn beiseite. „Es ist so wichtig, das Sattelzeug immer wieder genau zu überpüfen. Ein gerissener Zügel oder Steigbügel kann lebensgefährlich werden!"

„Ja, stell dir vor, dein Steigbügel reißt plötzlich im vollen Galopp – das gäbe einen schlimmen Unfall."

Es dauerte eine Weile, bis alles Lederzeug eingefettet war. Nun nahmen sie weiche Lappen und rieben das überflüssige Fett von allen Lederteilen, bis sie einen weichen Glanz bekamen.

„Wenn wir fertig sind, möchte ich unbedingt Sameda

sehen", sagte Betsy.

„Ich würde doch nicht einfach nach Hause gehen, ohne die Pferde besucht zu haben", stellte Johanna fest. Nachdem sie alle Lederteile wieder zusammengeschnallt hatten, räumte Johanna das Putzzeug weg. Bald war auch das gesamte Sattelzeug wieder ordentlich aufgehängt. Johanna füllte die Futterschüssel, und die beiden Mädchen machten sich auf den Weg zur Koppel.

Biba und Sameda standen schon am Zaun und warteten.

„Heute bin ich ein bißchen spät dran, stimmt's?"

Biba schnaubte leise, und Johanna strich der schwarzen Stute liebevoll über den glänzenden Hals. Sie gab ihr ihren Teil des Futters und band sie dann am Zaun an. Dann ging sie ein paar Schritte auf Sameda zu und stellte die Schüssel auf den Boden. Diesmal zögerte das Fohlen nicht. Es kam sofort auf Johanna und die Schüssel zu und begann neugierig deren Inhalt zu untersuchen.

„Sie hat wirklich große Fortschritte gemacht!" rief Betsy. „Als ich sie das letztemal sah, wagte sie sich nicht in deine Nähe!"

Johanna nickte und hob langsam die Hand. Mit ruhigen, sanften Bewegungen streichelte sie das Fohlen. Sameda wandte sich nur kurz um und fraß dann weiter. Als Johanna die Hinterhand berührte, zuckte das

Fohlen mit dem Bein und schlug aus. Johanna zog schnell ihre Hand zurück.

„Ich glaube, das war nur ein Reflex", sagte Betsy. „Ich habe ihren Gesichtsausdruck gesehen. Die Ohren haben sich nicht einmal verändert. Sie sah aus, als habe sie ihr eigenes Ausschlagen kaum wahrgenommen."

„Kann sein", gab Johanna zu. „Bernice hat mir gesagt, daß manche Fohlen kitzlig sind und solche Reflexe am Anfang haben können." Wieder berührte sie Samedas Bein mit sanften, kreisenden Bewegungen. Das Bein zuckte, und Sameda schlug wieder aus, aber diesmal schon weniger heftig.

„Sie wird sich bestimmt daran gewöhnen, wenn du es immer wieder versuchst", sagte Betsy.

Sie hatte recht. Jedesmal wurde Samedas Reaktion schwächer. Schließlich stand sie ganz ruhig, während Johanna ihr Hinterbein berührte. „Ich will sehen, ob sie auf der anderen Seite auch so empfindlich ist", sagte Johanna. Langsam ging sie um die Futterschüssel herum auf die andere Seite. Zunächst machte es Sameda unsicher, Johanna an ihrer anderen Seite zu sehen. Sie sah sich unruhig um. Erst als sie sich beruhigt hatte, berührte Johanna sie. Erstaunt wandte Sameda dem Mädchen den feinen Kopf zu. Das Fohlen untersuchte die Hände des Mädchens vorsichtig mit seinen kleinen Nüstern.

„Es ist fast so, als hätte ich sie noch nie angefaßt",

sagte Johanna erstaunt.

„Wahrscheinlich kann sie ihre Körperhälften noch nicht richtig koordinieren“, sagte Betsy. „Die meisten Fohlen haben in den ersten Lebenswochen Schwierigkeiten mit dieser Koordination: Sie müssen ja auch so schnell so viele Bewegungen lernen!“

Nun konnte Johanna Sameda auch auf dieser Seite berühren. Als sie an die Hinterhand kam, reagierte Sameda wieder mit leichtem Ausschlagen; aber es dauerte nicht lange, bis sie sich an Johannas Hand gewöhnt hatte.

„Nun wird es Zeit, Bernice anzurufen“, meinte Johanna, als sie sich von Sameda verabschiedet hatte und zum Zaun zurückging.

„Ich bin auch gespannt, was jetzt auf ihrem Erziehungsplan steht“, sagte Betsy. „Ich mag ihre ungewöhnlichen Ideen sehr.“

Bernice freute sich, von Johanna alles über Sameda zu hören. Sie verabredeten sich für den nächsten Tag bei den Pferden.

„Besorge dir zwei dicke, weiche Baumwollstricke“, riet Bernice. „Ich zeige dir morgen, was ich mit ihnen mache!“

Am nächsten Tag wartete Johanna gespannt auf die alte Frau. Endlich bog das alte Auto in die Einfahrt. Johanna und Bernice begrüßten sich herzlich, dann

3 4307-8

machten sie sich auf den Weg zur Koppel.

„Zeige mir als erstes, was du bisher mit Sameda getan hast", sagte Bernice.

Johanna ließ das Fohlen fressen und berührte es leicht am ganzen Körper, so wie sie es gestern getan hatte. Sameda schlug nur einmal schnell aus, aber längst nicht mehr so heftig wie am Tag zuvor. Als Johanna zum Zaun zurückkam, fragte sie Bernice, wie sie das Ausschlagen des Fohlens beurteilte.

„Ich bin der gleichen Meinung wie Betsy", sagte die alte Dame. „Zucken und Ausschlagen ist in diesem Fall ein Reflex. Sobald sich das Fohlen an die Berührung gewöhnt hat, wird der Reflex verschwinden."

„Es ist also nicht aggressiv oder bösartig?" fragte Johanna.

Bernice winkte entschieden ab. „Aber nein!" rief sie. „Leider wissen viele Leute nichts über Reflexe eines Fohlens, das noch nicht an die Berührung von Menschen gewöhnt ist. Sie mißverstehen diesen Reflex, erschrecken und bestrafen das Fohlen oft."

„Das Fohlen begreift dann aber gar nicht, warum es bestraft wird!" stellte Johanna nachdenklich fest.

„Natürlich nicht. Es lernt nur, Angst und Mißtrauen gegenüber den Menschen zu haben – denn offensichtlich strafen sie völlig grundlos. Das ist für beide kein guter Anfang. Mir ist wichtig, daß das Fohlen versteht, was ich von ihm möchte. Ich mache alles so, daß ich es nicht ängstige und niemals Widerstand oder Abwehr in dem jungen Pferd hervorrufe!“

„Was ist der nächste Lernschritt für Sameda?“ wollte Johanna wissen.

„Nun, da sie keine Angst mehr vor dir hat, wird es Zeit für sie zu lernen, auf dich zu achten und auf entsprechende Kommandos hin zu gehen und stehenzubleiben.“

„Soll ich ihr dafür ein Halfter anziehen?“ fragte Johanna.

Bernice schüttelte den Kopf. „Nein, das wäre zu früh, sie ist noch nicht darauf vorbereitet. Erinnerst du dich daran, wie sehr Talio sich gewehrt hat?“

„Ja“, sagte Johanna. „Ihm das Halfter aufzuziehen, war nicht so schwierig, aber er wollte einfach nicht vorwärts gehen, wenn ich am Führseil zog. Er stemmte sich mit aller Gewalt dagegen und widersetzte sich nach Kräften. Es war immer deprimierend für mich, ihn so kämpfen zu sehen. Schließlich habe ich das Seil an Bibas Sattelknauf festgemacht, und er mußte wohl oder übel mitkommen.“

„So geht es leider den meisten Fohlen. Fast alle Menschen meinen, daß es eben so sein müsse und keine andere Möglichkeit gäbe, ein Fohlen ans Halfter zu gewöhnen!“ Bernice seufzte. „Das ist so schade und so unnötig. Das Genick ist eine der sensibelsten Stellen am Körper eines Fohlens. Dort greifen die Raubtiere an. Instinktmäßig verfällt ein Fohlen in Panik, wenn es plötzlich dort Druck verspürt, es wehrt sich mit allen Kräften gegen eine vermeintliche Gefahr. Es hat noch nicht gelernt, auf die Kommandos eines Menschen zu hören oder sie auch nur zu verstehen. Es verspürt nur Angst und wehrt sich gegen den Zug des Halfters. Es kämpft, bis es schließlich erschöpft und resigniert aufgibt. Aber hat es etwas gelernt? Hat es gelernt, auf Zeichen hin zu reagieren oder mehr Vertrauen zu sich selbst und zum Menschen zu bekommen?"

„Nein", sagte Johanna, „bestimmt nicht. Was kann ich anders machen, um Sameda nur diesen Kampf zu ersparen?"

„Dafür habe ich dich die beiden Baumwollstricke mitbringen lassen. Von nun an sollst du Sameda nicht mehr füttern, während du mit ihr arbeitest. Das war für den Anfang sinnvoll, um ihr Vertrauen zu gewinnen. Nun soll sie aber nicht mehr durch Fressen abgelenkt werden. Sie soll lernen, auf dich und die Signale, die du ihr gibst, zu achten. Ich zeige dir, wie du die beiden Leinen gebrauchen kannst."

Bernice öffnete das Gatter und ging langsam auf das Fohlen zu. Sameda sah ihr neugierig entgegen. Bernice legte dem Fohlen sanft einen Arm um den Hals und strich ihm mit der anderen Hand über den Rücken.

„Ich möchte, daß sie sich an einen leichten Druck am

Hals gewöhnt“, erklärte Bernice. Dann nahm sie eine Ausbildungsgerte und strich damit an den Hinterbeinen des Fohlens entlang. „Die Gerte ist mein verlängerter Arm. Sameda soll sich überall damit berühren lassen, ohne Angst zu haben.“

Die Ohren des Fohlens spielten aufmerksam. Johanna sah an Samedas Augenausdruck, daß sie keine Angst hatte, sondern an dem interessiert war, was Bernice mit ihr tat. Die alte Dame legte dem Fohlen nun sanft einen Baumwollstrick am Brustansatz um den Hals und den anderen um die Hinterhand. Dann zog sie ein paarmal leicht an dem Strick, den sie dem Fohlen um die Hinterhand gelegt hatte. Dazu sagte sie laut und bestimmt „Schritt“ und ging selbst los. Sameda verstand schnell und ging neben Bernice her.

Zum Anhalten sagte Bernice ein tiefes „Ho“ und zupfte an dem Strick, den sie um den Hals des Fohlens gelegt hatte. Sameda gehorchte willig. Bernice ließ das Pferdekind mehrere Male losgehen und wieder anhalten. „Ich will ganz sicher sein, daß sie meine Signale auch richtig versteht. Es ist auch sehr wichtig, daß du sie lobst, sobald sie etwas richtig gemacht hat“, sagte sie.

„Das ist also eine Vorstufe zum Führen mit dem Halfter“, stellte Johanna fest.

„Ja“, erwiderte Bernice, „es ist so wichtig, daß dein Fohlen auf Stimmkommandos hören lernt. Sonst ziehst du an deinem Führstrick, und das Fohlen versteht nicht, was du von ihm willst. Alles, was es spürt, ist der Druck des Halfters hinter seinen Ohren, der es in Panik versetzt. Woher soll es wissen, daß das ein Zeichen zum Vorwärtsgehen sein soll?"

„Du hast recht", sagte Johanna nachdenklich. „So genau habe ich mir das noch nicht überlegt. Es ist eigentlich ganz logisch!"

„Ich baue alle meine Lektionen für das Fohlen genau überlegt auf, so daß ich es dem Tier leicht mache, mich zu verstehen. Wenn Sameda nun gelernt hat, mit Hilfe der beiden Stricke und deiner Stimme vorwärts zu gehen und anzuhalten, kannst du die Ausbildungsgerte benutzen. Natürlich nicht, um dein Fohlen zu strafen, sondern nur, um ihm Zeichen zu geben. Wenn du an dem Strick um die Hinterbeine ziehst, tippst du das Fohlen gleichzeitig mit der Gerte an und sagst Schritt. Bald kannst du den Strick weglassen, und dein Fohlen wird auf leichtes Touchieren mit der Gerte vorwärts gehen."

„Ist es dann genügend auf das Halfter vorbereitet?" wollte Johanna wissen.

„Noch nicht ganz", gab Bernice zurück. Sie legte ihre Hand hinter die Ohren des Fohlens. „Wenn du es hier mit kreisförmigen Bewegungen sanft massierst, wird es sich an leichten Druck an dieser Stelle gewöhnen, ohne in Panik zu geraten. Das ist aber nur der erste Schritt. Du kannst mit dem Strick ein provisorisches Halfter machen. Daran ziehst du nun ganz leicht nach unten, während du weiter den Nacken des Fohlens berührst, bis es lernt, auf dieses Zeichen hin den Kopf zu senken. Bald wird es verstanden haben. Wenn du ihm dann ein Halfter anlegst, wird es den Kopf senken, anstatt ihn hochzuwerfen. Es wird nicht in Panik geraten, sondern deine Stimmkommandos, die es ja schon kennt, befolgen."

Johanna war erleichtert. „Ich bin so froh, daß du mir diese Dinge zeigst, Bernice! Ich wollte, ich hätte das alles schon damals gewußt, als ich Talio hatte. Aber jetzt werde ich nicht mit Sameda kämpfen müssen. Das stand mir nämlich richtig bevor!"

„Kaum jemand kämpft gern mit seinem Pferd", sagte Bernice. „Die meisten Leute glauben eben nur, es sei unvermeidlich."

„Das ist wirklich schade. Onkel Harvey hat mir viel von der indianischen Weise, mit Pferden umzugehen, beigebracht. Ihre Einstellung ist ähnlich, und man sieht ja an Biba, wie fein sie ihre Pferde ausbilden können."

„Ja, du hast großes Glück gehabt mit Biba", stimmte Bernice zu. „Nur wenige Indianer bilden ihre Pferde so einfühlsam aus. Viel altes Wissen geht in der heutigen Rodeozeit leider verloren. Du kannst sehr froh sein, daß du noch alte Leute wie Dan Lachender Waschbär und Leland Heller Stern gekannt hast."

„Ich weiß." Johanna nickte. „Ich bin auch sehr dankbar dafür, und versuche nichts von dem zu vergessen, was sie mir erzählt haben. So genau wie du haben sie allerdings nie mit mir über die Ausbildung eines Fohlens gesprochen."

„Ich habe in meinem Leben viele Fohlen aufgezogen. Manche lernen schneller als andere. Sameda ist ein Fohlen, das sehr schnell lernt. Deshalb ist es wichtig, nicht zu lange auf einmal mit ihr zu arbeiten. Zehn Minuten sind am Anfang genug. Hör auf, sobald sie etwas verstanden hat und es gut macht. Sie soll sich auf keinen Fall langweilen – und das passiert bald bei Fohlen, die schnell lernen. Dann verlieren sie den Spaß am Lernen!"

„Man muß also mit einem Fohlen umgehen wie mit einem Schulanfänger, dem man die Lust am Lernen nicht nehmen will!"

„Ja", sagte Bernice, „in mancher Hinsicht sind Fohlen wie kleine Kinder. Sie können sich nicht sehr lange konzentrieren. Man muß sich sehr in acht nehmen, um nicht zuviel auf einmal von ihnen zu verlangen."

„Ich werde also mit Sameda das üben, was du mir gezeigt hast", sagte Johanna. „Kommst du uns wieder besuchen, wenn wir fürs Weiterlernen bereit sind?"

„Natürlich, Kind", rief Bernice. „Du wirst viel Freude mit deinem Fohlen haben, und Sameda wird das Lernen Spaß machen! Davon bin ich überzeugt!"

Johanna begleitete die alte Dame zu ihrem Auto.

Jill Johnson kam gerade aus dem Haus. „Na, hat Bernice dir alle ihre wohlgehüteten Geheimnisse verraten?“ Jill lachte.

„Noch nicht alle“, entgegnete Bernice und zwinkerte Johanna zu.

„Du solltest sehen, Jill, was für eine gute Art sie hat, Fohlen auszubilden“, sagte Johanna. „Man kann ein Fohlen an das Halfter gewöhnen, ohne mit ihm zu kämpfen!“

Jill wurde ernst. „Das mußt du mir unbedingt auch zeigen“, sagte sie. Ihr Scheckfohlen Mira war nur ein paar Tage älter als Sameda. „Ich bin noch nicht dazu gekommen, viel mit Mira zu tun“, sagte sie. „Wir sollten zusammen mit unseren Fohlen üben! Wäre euch das recht?“

„Eine gute Idee“, sagte Johanna. Sie verabredete sich mit Jill für den nächsten Tag. Ehe sie nach Hause fuhr, ging Johanna noch einmal zur Koppel hinunter. Sie fand die Pferde grasend in einer Senke. Johanna setzte sich unter einen Baum und betrachtete die Pferde ruhig.

Die beiden Fohlen spielten miteinander. Mit ihren langen Beinen rannten sie um die Wette. Die schmalen Gestalten flogen anmutig über jede Unebenheit hinweg. Die kleinen Schweife waren hochgereckt, die Augen der Pferdekinder funkelten übermütig.

Die Stuten grasten ruhig, die tiefstehende Sonne ließ

ihr Fell leuchten. Ab und zu sahen sie auf, um sich zu vergewissern, daß ihre Fohlen noch in der Nähe waren.

Johanna ging langsam zu Rose, der alten Schecke, hinüber. „Wie geht es dir, meine Gute?“ fragte sie leise und strich der Stute liebevoll über den Rücken. Ihr Fell ist ein bißchen stumpf, dachte sie bei sich. Nach Dans Tod hatten Johanna und Jill die Stute zu sich genommen, um weiter für das alte Pferd zu sorgen.

„Hab ich dich ein wenig vernachlässigt, meine Alte?“ fragte Johanna besorgt. Rose hob langsam den Kopf und legte ihr Kinn auf Johannas Schulter. Das Mädchen kraulte die Stute eine Weile. Rose schloß die Augen und genoß die Zuwendung offensichtlich. „Morgen koche ich dir einen guten Mash mit Leinsamen, damit dein Fell wieder Glanz bekommt“, versprach Johanna.

Sie verabschiedete sich von den Pferden und machte sich auf den Heimweg. Es begann zu dämmern. Der Himmel erglühte in den Farben der untergehenden Sonne. Sie wechselten schnell: Rosa- und Orangetöne wurden schwächer, bis der ganze Himmel von roten Streifen überzogen war. Sie wurden immer dunkler, bis auf einmal der Abendstern am Himmel zu sehen war. Ein kühler Wind fuhr durch Johannas rote Lokken. Sie knöpfte ihre Jacke zu und trat energisch in die Pedale.

Auf dem Markt

Am nächsten Abend kam Ben, um Johanna zu besuchen. Die Eltern erlaubten, daß sich die beiden zu Hause trafen. Ben nahm seine Freundin in die Arme, Johanna lehnte sich vertrauensvoll an ihn. Sie küßten sich. Endlich zündete Johanna eine Kerze an. „Hast du am Wochenende schon etwas vor?" fragte Ben.

Johanna schüttelte den Kopf. „Nichts Besonderes, außer zu reiten und die Pferde zu versorgen, natürlich. Warum fragst du?"

„Am Sonntag ist in Chirino großer Markt. Ich war noch nie dort, aber ich habe gehört, daß es sehr interessant sein soll. Hast du Lust, mit mir hinzugehen?"

„Klar", sagte Johanna begeistert. „Ich gehe gern auf die Märkte hier. Weißt du, was für eine Art Markt es ist?"

„Ein Künstlermarkt vor allem", sagte Ben. „Viele Töpfer und Weber werden Verkaufsstände dort haben. Silberschmiede und Bildhauer werden ausstellen, und auch ein paar Maler. Es wird Buden mit mexikanischen Spezialitäten geben und einen kleinen Gemüsemarkt."

„Das klingt gut", meinte Johanna. „Macht es dir etwas aus, wenn wir Betsy mitnehmen?"

„Nein, Betsy kann von mir aus gern mitkommen", sagte Ben. „Ich werde euch beide am Sonntag morgen abholen."

Die Woche verging schnell. Johanna war jeden Tag bei Sameda. Das Fohlen gewann mehr und mehr Vertrauen zu ihr. Johanna brauchte die Kleine bald nicht mehr mit Futter zu locken.

Sameda lernte mit Hilfe der Baumwollstricke auf Johannas Kommando hin im Schritt loszugehen und anzuhalten. Die Arbeit schien ihr Spaß zu machen, Johanna achtete sehr darauf, sie nicht zu überanstrengen und zu lange mit dem Fohlen zu üben. „Das Lernen soll dir Spaß machen, nicht wahr, meine Kleine?" sagte Johanna oft. Und das Fohlen schien sie zu verstehen.

Manchmal brachte Johanna Skizzenblock und Farben mit. Sie konnte sich gar nicht sattsehen an den Fohlen. Sie zeichnete den Kopf des goldroten Stutfohlens. Samedas ausdrucksvolle Augen mit den langen Wimpern begeisterten Johanna immer wieder zu neuen Versuchen, die Schönheit des jungen Pferdes zu Papier zu bringen.

Johanna vergaß aber auch die alte Rose nicht. Sie bereitete Mash für sie zu und striegelte die Stute jeden Tag mit einer weichen Bürste, bis ihr Fell wieder mehr

Glanz bekam.

„Sollen wir einen kleinen Frühlingsritt unternehmen?“ fragte sie die alte Rose an einem warmen Nachmittag. „Es dauert nämlich sechs Wochen, bis ich Biba nach der Geburt langsam wieder reiten kann. Vielleicht tut dir ein bißchen frischer Wind um die Nase gut?“

Johanna holte Dans Zaumzeug und eine bunte Wolldecke.

„Heute reiten wir ohne Sattel, Rose“, sagte sie. Johanna benutzte immer einen Sattel, aber heute wollte sie nur ein Stück mit der alten Stute durch das Gelände bummeln. Wenn er nicht weit ritt, war auch Dan manchmal nur mit einer Decke geritten.

Sie führte Rose in den Hof und stieg auf. Willig setzte die alte Stute sich in Bewegung. Die Sonne schien warm, und ein sanfter Wind spielte in der braun-weißen Mähne der alten Schecke. Rose schaute aufmerksam um sich und griff fleißig aus. „So ein kleiner Ritt macht dir doch Spaß“, sagte Johanna und klopfte Roses Hals.

Sie ritt nur im Schritt, um die alte Stute nicht zu überanstrengen. Sie ist nun einige Zeit nicht mehr geritten worden, dachte Johanna. Ich will ihr auf keinen Fall zuviel zumuten.

Der schmale Weg führte zu einem kleinen Fluß hinunter. Es gab dort eine Stelle mit besonders saftigem

Gras, dort hatte Dan gern Rast gemacht. Sicher lenkte Johanna die Scheckstute den Pfad zum Fluß hinunter. Am Ufer stieg sie ab. „Du erinnerst dich sicher an diese Stelle, nicht wahr, Rose?“ Sie nahm der Stute Decke und Zaumzeug ab. „Friß ruhig“, ermunterte sie Rose. „Es ist das beste Gras weit und breit! Du hast dir redlich verdient, daß du es auf deine alten Tage gut hast!“

Rose begann unverzüglich mit Appetit zu grasen. Johanna wußte, daß sie nicht fortlaufen würde. Dan hatte sie dazu erzogen, immer in seiner Nähe zu bleiben. „Rose muß man nicht anbinden oder hobbeln“, hatte er Johanna erklärt. „Sie hat Manieren und weiß, daß sie nicht weglaufen soll. Sie bleibt immer in Hörweite. Sobald ich sie rufe, kommt sie zu mir.“

Zuerst hatte Johanna dem alten Indianer mit dem listigen Gesicht nicht geglaubt. Aber Dan hatte ihr oft bewiesen, daß Rose wirklich nicht weglief. So vertraute sie der alten Stute auch jetzt und setzte sich auf die Wolldecke ans Ufer des Flusses. Wolken zogen langsam am blauen Himmel dahin und spiegelten sich im Wasser. Dan hatte Johanna gelehrt, auf die Geräusche der Natur zu hören. So horchte sie auf das leise Murmeln des Flusses und das Summen der Bienen. In den Zweigen der Bäume zwitscherten Vögel. Johanna schloß die Augen. Sie genoß es, die Sonnenwärme auf ihrer Haut zu spüren.

Wie lange sie so vor sich hingeträumt hatte, wußte

sie nicht, als sie die Augen wieder öffnete. Der Wind war kälter geworden und erinnerte daran, daß oben in den Bergen noch immer Schnee lag. Johannas Gedanken gingen zu dem schwarzen Wildhengst El Moro und seiner Herde. Wie mochte es den Fohlen bei dem harten Leben in den Bergen gehen? Ob die Herde den Winter über genug Futter gehabt hatte?

Johanna ging zu Rose hinüber und streifte ihr das Zaumzeug über. Wildpferde sind hart und widerstandsfähig, dachte Johanna, aber die Herde ist mir ans Herz gewachsen. Sie dachte oft an Talio und fragte sich, wie sich der junge Wildhengst entwickelt hatte.

Langsam ritt sie zurück. Rose ging zügig vorwärts, als wolle sie Johanna wissen lassen, daß sie ihr Temperament noch nicht verloren hatte und sich auf die heimatliche Koppel und die Gesellschaft der anderen Pferde freute.

Am Sonntag morgen kam Betsy zum Frühstück zu den Küffners. Als Florian von ihrem geplanten Ausflug zum Markt hörte, wollte er unbedingt mitkommen.

„Du mußt uns versprechen, uns nicht zu ärgern", sagte Johanna. „Dann kannst du mit!"

„Ich verspreche es euch", versicherte Florian schnell. „Ich möchte so gern den Markt sehen und nicht wieder allein zu Hause bleiben!"

„Na gut", sagte Johanna, „aber nur, wenn es Ben

auch recht ist."

Ben hatte nichts dagegen, und Florian rannte los, um seine Jacke zu holen. Die Mädchen waren bereits eingestiegen, als Florian zum Auto kam. An seiner Seite lief schwanzwedelnd der kleine Hund Friedel. Florian hielt die Leine in der Hand.

„Du willst Friedel doch nicht etwa mitnehmen?" fragte Johanna.

„Friedel muß mit!" rief Florian. „Er will auch dabeisein und etwas erleben. Stell dir vor, wie traurig er wäre, wenn wir ihn hierlassen!"

Ben sah Florian an und nickte. „Wenn es unbedingt sein muß, kommt Friedel eben auch mit", sagte er.

Ein breites Lachen zog über das Gesicht des Jungen. Mit einem Satz war Friedel auf dem Rücksitz, Florian kletterte hinterher und knallte die Wagentür zu.

Als sie in Chirino ankamen, war der Markt bereits in vollem Gange. „Lauf ja nicht davon", ermahnte Johanna ihren Bruder. „Falls wir uns trotzdem irgendwie verlieren sollten, treffen wir uns am Auto wieder!"

Der Marktplatz quirlte vor Leben. Die Häuser ringsumher waren schöne, alte Adobebauten. Der Lehm war gut verputzt, und die Wände waren nicht kantig gebaut, sondern weich abgerundet. Der Baustil und die Farben der Häuser gefielen Johanna sehr. Kleine Zinnen und Türme schmückten die flachen Dächer. Die Außenwände waren in Rot- und Rosatönen gehalten. Leuchtend türkisfarbene Türen und Fensterrahmen bildeten dazu einen farbenfrohen Kontrast.

„Johanna!“ rief Betsy. „Hier ist ein Stand mit wunderschönen Töpfersachen!“

Betsy hatte recht. Es gab schön geformte Schalen und Becher, Teller und Figuren. „Wie der Ton schimmert“, sagte Johanna erstaunt.

Die Töpferin war eine Indianerin von etwa dreißig Jahren. Ihr schwarzes Haar war zu einem dicken Zopf geflochten, sie trug schweren Silberschmuck mit Türkisen. „Dies ist besonderer Ton aus einem heiligen Fluß bei unserem Pueblo“, erklärte sie. „Die meisten Pueblos haben eine alte Töpfertradition. Ich brenne alle meine Sachen in dem Ofen, den meine Großmutter gebaut hat.“

Ben deutete auf die feinen indianischen Muster, die viele der Schalen bedeckten. „Entwerfen Sie diese Muster selbst oder sind es alte, überlieferte Symbole?“ fragte er.

Die Indianerin lächelte. „Manches sind meine eigenen Entwürfe“, sagte sie. „Die Zeiten ändern sich, und ich will kreativ sein. Wenn ich nur die alten Symbole verwenden würde, könnte ich nicht meinen eigenen Stil entwickeln!“

Sie griff nach einer Schale, die reich verziert war. „Hier habe ich zum Beispiel nur alte Muster verwendet. Diese Schale erzählt die Geschichte zweier Jungen

4 4307-8

auf ihrer ersten Hasenjagd!“ Die Frau erklärte die einzelnen Symbole und ihre Bedeutung.

„Sind viele der alten Legenden auf diese Art überliefert?“ wollte Betsy wissen.

Die Indianerin nickte. „Wir haben keine geschriebene Sprache“, sagte sie. „Meine Mutter und Großmutter haben mir Hunderte dieser Symbole erklärt. Ich drücke sie in meinen Arbeiten aus!“

„Es erinnert mich an die Zeichnungen in den Felsenhöhlen“, meinte Johanna.

„Fast alle indianischen Kulturen entlang des Rio Grande benutzten ähnliche Symbole und Zeichen!“ sagte die Frau.

Eine große Gruppe von Leuten umdrängte nun den Stand der Töpferin; eine Frau entschloß sich, eine Vase zu kaufen.

Johanna, Ben und Betsy gingen langsam weiter. Es roch nach mexikanischen und indianischen Gerichten. Sie kamen an einem Stand vorbei, an dem frischgebackenes Brot verkauft wurde. Die großen, runden Laibe wurden in igluartigen Lehmöfen gebacken und schmeckten köstlich.

„Dort drüben gibt es kleine Frito-Kuchen und ausgebackenes Brot!“ rief Betsy und zeigte auf einen anderen Stand.

„Ich weiß immer noch nicht genau, was Frito-Kuchen sind“, sagte Johanna.

„Du mußt sie unbedingt probieren", sagte Ben. „Es sind kleine runde Gebäckstücke, die mit einer Mischung aus Hackfleisch, Gewürzen und Chilischoten gefüllt sind. Man kann sie mit roten oder mit grünen Chilis bestellen. Sie sind mit knusprigem Teig bedeckt und mit Käse überbacken."

„Dann sind es kleine mexikanische Pasteten", erklärte Johanna. „Sind sie sehr scharf?"

„Das kann man vorher nie wissen", sagte Betsy. „Ich hole einen Frito, dann kannst du ihn probieren. Wenn er dir nicht schmeckt, esse ich ihn."

Kurz darauf kam sie mit einem duftenden Frito zurück und bot ihn Johanna an. Johanna aß einen Bissen. „Schmeckt gut", sagte sie.

„Das habe ich mir gedacht." Betsy lachte. „Mexikanisches Essen ist oft wirklich gut!"

Ben und Betsy holten sich beide einen Frito-Kuchen, dann gingen sie langsam weiter. Sie bewunderten das handwerkliche Geschick der Weber und die vielen verschiedenen Wollsorten, die sie verkauften. Bunte Teppiche mit schönen Mustern wehten im Frühlingswind. „Es muß eine Menge Arbeit machen, einen Teppich so fein zu weben", sagte Johanna.

Die Weberinnen waren Frauen aus dem Navaho-Reservat. „Man braucht nur Geduld und Zeit dazu", sagte eine der Frauen. „Wir bauen auch unsere Webstühle selbst", fuhr sie fort und zeigte Johanna einen einfachen, hölzernen Webstuhl.

„Spinnen Sie auch die Wolle selbst?“ fragte Betsy.

Die junge Indianerin nickte. „Nicht viele Weber spinnen noch selbst“, sagte sie. „Die meisten kaufen fertige Wolle, die mit synthetischen Farben gefärbt ist“, erklärte sie. „Wir halten selbst Schafe, scheren sie und färben unsere eigene Wolle mit Pflanzenfarben, bevor wir sie spinnen.“

Johanna bewunderte die schönen, sanften Farben der Wolle. „Das ist sicher eine alte Familientradition“, sagte sie.

Die Frau nickte. „Unsere ganze Familie arbeitet mit“, sagte sie. Dann zeigte sie auf die beiden anderen Frauen, Schwestern. „Unsere Großeltern sind zu Hause und hüten die Schafe“, erklärte sie. „Alles, was wir wissen, haben wir von ihnen gelernt. Wir versuchen, dieses Wissen zu bewahren und weiterzugeben. Das ist nicht einfach“, sagte sie leise. „Wir können nicht mit den Preisen der Weber mithalten, die ihre fabrikgesponnene Wolle auf maschinellen Webstühlen verarbeiten. Aber zum Glück gibt es Leute, die traditionelle Weberei und Handarbeit noch zu schätzen wissen.“

Endlich bedankten sich die Mädchen und Ben bei den Weberinnen und gingen weiter. Auf einmal blieb Johanna stehen. „Wo ist Florian?“ rief sie.

„Ich habe ihn schon eine ganze Zeit nicht mehr gesehen!“ erklärte Betsy.

„Es ist doch immer das gleiche mit ihm“, sagte Johanna resigniert. „Er verspricht einem das Blaue vom Himmel, um mitzukommen, und dann verschwindet er.“

„Reg dich nicht gleich auf“, beschwichtigte Ben und legte den Arm um sie. „Wir haben uns auch nicht um ihn gekümmert. Es ist leicht, sich auf einem so großen Markt aus den Augen zu verlieren. Sicher wartet er schon beim Auto auf uns.“

Aber als sie zum Auto kamen, war keine Spur von Florian zu sehen. Betsy blickte sich ratlos um.

„Wir werden den ganzen Markt nach ihm absuchen müssen“, meinte Johanna. „Wenn wir ihn finden, kriegt er was zu hören!“ Sie war unruhig und machte sich Sorgen.

„Sei nicht so streng mit ihm“, rief Ben. „Es wäre gut, wenn du mit Florian genausoviel Geduld hättest wie mit den Pferden.“

Johanna blitzte ihn an. „Die Pferde ärgern mich auch nicht andauernd!“ gab sie zurück.

„Florian ist nicht verlorengegangen, nur um dich zu ärgern. Für einen kleinen Jungen wie ihn ist dieser Markt ein Paradies.“

Sie machten sich auf die Suche. Sie sahen bei den Ständen mit kunstvollen Perlenarbeiten nach ihm und suchten bei den Buden, wo es so verlockend nach Essen roch. Aber sie konnten Florian nicht finden. Auch von Friedel war keine Spur zu sehen. Schließlich hatten sie fast den ganzen Markt abgesucht. „Ich fange an, mir wirklich Sorgen um ihn zu machen“, sagte Johanna bedrückt. „Hoffentlich ist er nicht mit einem Fremden mitgegangen.“

„Das glaube ich nicht“, sagte Ben. „Vielleicht hat er etwas Interessantes auf dem Gemüsemarkt gefunden. Dort haben wir ihn noch nicht gesucht.“

„Ich kann mir nicht vorstellen, daß Florian freiwillig auf den Gemüsemarkt geht“, meinte Johanna. „Er kann nämlich Gemüse nicht leiden!“

Trotzdem gingen sie los und sahen sich genau um. Der Gemüsemarkt war nicht sehr groß, da es noch früh im Jahr war. Es gab nur wenige Stände mit Obst, einige Händler verkauften getrockneten Mais und Chilischoten. Plötzlich blieb Ben abrupt stehen. „He, ich habe ganz vergessen, daß es hier auch einen Tiermarkt gibt“, rief er und deutete auf den nächsten Stand. Dort bot eine Mexikanerin Hühner an.

„Die armen Hühner“, sagte Johanna voller Mitleid. Die Hühner lagen in großen Körben. Sie lebten, waren aber zusammengeschnürt wie kleine Pakete. Die Beine waren gefesselt, um ihre Flügel hatte man grobe Schnüre gewickelt. So lagen sie hilflos auf der Seite. Manche waren total apathisch, andere wehrten sich noch und gackerten verzweifelt.

„Wie kann man nur so grausam sein", empörte sich Betsy. „Sie könnten die Hühner doch wenigstens in Käfigen verkaufen, anstatt sie so zu quälen."

Johanna ging zu der Frau am Stand und fragte, warum sie keine Käfige für ihre Hühner habe. Das Gesicht der Frau zeigte kein Gefühl, aber ihre Stimme war bitter, als sie sagte: „Ich habe sieben kleine Kinder zu Hause, die wollen alle essen. Ich habe keine Zeit, um mir über die Hühner Gedanken zu machen. Käfige sind zu teuer. Die Hühner kommen doch sowieso bald in den Suppentopf. Ich bin nicht reich wie ihr Weißen. Ich habe andere Sorgen." Damit wandte sie sich um und machte sich an einer Kiste mit Eiern zu schaffen.

Johanna ging bedrückt weiter. „Es ist eine andere Welt mit einer anderen Kultur", sage Betsy. „Die meisten Mexikaner hier sind sehr arm. Wahrscheinlich haben sie wenig Mitgefühl für Tiere, weil sie ständig ums Überleben kämpfen müssen."

„Sie haben andere Traditionen und eine andere Einstellung zu Tieren!" sagte Ben.

„Da ist Florian!" rief Johanna auf einmal. Der Junge kniete auf dem Boden vor einem kleinen Käfig. Erst als Johanna dicht hinter ihm stand, bemerkte er sie.

„Was machst du denn hier?" fragte sie. „Du hattest mir fest versprochen, nicht wegzulaufen!"

Florian sah auf. Er sah bekümmert aus. „Ich habe es

einfach vergessen, als ich die Tiere hier gesehen habe. Sie tun mir so leid. Fast allen Tieren sind die Füße zusammengebunden. Dort hinten haben ein paar Indianer kleine Schweine, die ganz jämmerlich quieken. Die Stricke haben den meisten schon so in die Füße geschnitten, daß sie bluten."

„Das ist schrecklich", sagte Betsy. „Wie können die Leute nur so etwas tun? Harvey und Dan haben uns doch immer gesagt, wie stark die indianische Kultur mit der Natur verbunden ist. Sie respektieren die Tiere. Selbst wenn sie sie jagen, tun sie das mit Achtung und Gebeten. Niemals würden sie ein Tier quälen. Sie haben doch immer von den Tieren als ihren Brüdern und Schwestern gesprochen."

„Ich glaube, wir haben Glück gehabt, Dan und Harvey kennenzulernen", sagte Johanna. „Zuerst dachte ich, alle Indianer seien wie sie. Aber in Wirklichkeit wissen nur noch wenige, was die beiden uns erzählten. Auch wenn sie sich noch daran erinnern, handeln die meisten Indianer nicht mehr nach ihren traditionellen Vorstellungen. Viele lachen heute sogar darüber und machen sich über die alten Leute lustig."

Florian zog Johanna am Ärmel. „Hast du gesehen, was in diesem Käfig ist?" fragte er.

Johanna beugte sich nieder und starrte in den kleinen Käfig. Eng aneinandergepreßt, so daß sie sich kaum rühren konnten, saßen dort drei Erdhörnchen.

„Sie sehen fast aus wie Eichhörnchen", sagte Johanna.

„Es sind wilde Erdhörnchen, die diese Jungen gefangen haben", erklärte Florian. „Sie sind daran gewöhnt, frei zu sein. Kannst du dir vorstellen, wie unglücklich sie in diesem winzigen Käfig sind? Sie haben ja nicht einmal Platz genug, sich umzudrehen. Kannst du sie nicht für mich kaufen?" fragte Florian bittend. Er griff in seine Hosentasche und drückte Johanna ein paar Münzen in die Hand. „Das reicht für eins der Erdhörnchen", sagte er. „Ich hab es schon gezählt. Bitte, hilf mir, die anderen beiden auch zu befreien."

„Was willst du mit drei Erdhörnchen?" fragte Johanna vorsichtig. „Du kannst ihnen einen größeren Käfig bauen, aber ich glaube nicht, daß sie in irgendeinem Käfig glücklich sind."

„Du verstehst mich nicht", rief Florian aufgebracht. „Ich will sie doch gar nicht behalten. Ich möchte sie im Garten freilassen. Vielleicht gefallen ihnen unsere Bäume, und dann kann ich sie manchmal spielen sehen."

„Du willst sie wirklich freilassen?" fragte Johanna verblüfft.

Florian nickte eifrig. „Ja", rief er. „Aber es geht nur, wenn du mir dabei hilfst!"

Johanna sah ihren Bruder nachdenklich an. „Das ist prima von dir", sagte sie. „Ich war dir eigentlich böse, weil du so plötzlich verschwunden warst, aber nun verstehe ich den Grund dafür. Ich werde dir helfen, die Erdhörnchen wieder frei zu lassen."

„Ich schenke dir eines", bot Ben an. Betsy steuerte auch etwas zum Kauf der Erdhörnchen bei. Bald trug Florian befriedigt den kleinen Kasten mit den Erdhörnchen davon. Sie gingen schnell an den quiekenden Schweinen vorbei. Aus den Augenwinkeln sah Johanna ein paar magere Hunde mit großen Augen und einen Käfig, vollgestopft mit Hasen.

„Ich wollte, wir könnten allen Tieren hier helfen", sagte sie leise zu Betsy.

„Finde ich auch", sagte Betsy. „Aber immerhin werden die Erdhörnchen wieder frei sein, auch wenn das nur der berühmte Tropfen auf den heißen Stein ist angesichts dieses Tierelends hier!"

Zu Hause angekommen, erzählte Florian der Mutter eifrig von seinem Plan. „Willst du mit in den Garten kommen und zuschauen, wie wir sie freilassen?" rief er. „Bei den Bäumen!"

Frau Küffner lächelte. „Ich komme gern mit", sagte sie. „Aber weißt du, daß Erdhörnchen nicht auf Bäumen leben? Sie bauen sich kleine Höhlen und Gänge unter der Erde. Manchmal klettern sie zwar auch auf Bäume, aber der größte Teil ihres Lebens spielt sich auf dem Boden ab. Meinst du nicht, daß Friedel versuchen wird, sie zu jagen?"

„Nein, Mama, das würde Friedel nie tun. Er weiß ganz genau, daß er nicht jagen darf", sagte Florian mit

Überzeugung. Um sicherzugehen, hielt er seinem Hund den Käfig vor die Nase. „Das sind unsere Freunde, Friedel", sagte Florian ernst. „Du darfst ihnen nichts tun, hast du das verstanden?" Friedel legte den Kopf schief und wedelte mit dem Schwanz. „Siehst du, er weiß, daß er nicht jagen darf", sagte Florian zufrieden. „Außerdem werde ich aufpassen!"

Kurz darauf machten sich alle auf den Weg in den Garten. Florian ging voraus, er trug den Käfig mit den Erdhörnchen.

Es gab eine Stelle im Garten, wo dichte Sträucher und Bäume wuchsen und eine undurchdringliche Hecke die Grenze zum Nachbargrundstück bildete. Hier setzte Florian den Käfig auf den Boden, dann öffnete er vorsichtig das Türchen. „Nun seid ihr frei", sagte er leise. „Paßt gut auf euch auf und laßt euch nicht mehr fangen."

Zuerst wagten die Erdhörnchen sich nicht heraus. Dann aber streckte eines die Nase nach draußen und machte ein keckerndes Geräusch.

Mit einem Mal sprangen auch die anderen beiden aus dem Käfig. Einen Augenblick lang sahen sie sich verblüfft um. Dann sausten sie, so schnell sie konnten, in die schützende Hecke. Friedel sah ihnen nach, aber er machte keinen Versuch, ihnen nachzulaufen.

„Das hast du wirklich gut gemacht", sagte Johanna zu ihrem Bruder.

Florian grinste. „Siehst du, ich bin gar nicht so schrecklich, wie du immer meinst!“ Er sah zu der Hecke hin, in der die Erdhörnchen verschwunden waren. „Ich könnte ihnen mit Papas Fernglas beim Spielen zuschauen“, meinte er. „Und im Winter bringe ich ihnen Nüsse, damit sie genug zu fressen haben.“

Harveys geheimnisvolle Botschaft

Johanna öffnete das Gatter zur Koppel. Sie rief Biba, und es dauerte nicht lange, bis die Stute ihr antwortete. Sameda tauchte hinter einer Baumgruppe auf und lief ihrer Mutter voraus. In fliegendem Galopp kam das goldrote Fohlen auf Johanna zu. Mira, Goldies Scheckfohlen, war mitgekommen und hielt sich dicht hinter Sameda.

„Na, ihr beiden Schönen“, begrüßte Johanna die Fohlen, als sie vor ihr zum Stehen kamen. Sie sah die beiden liebevoll an. Langsam streckte sie die Hand aus und fuhr Sameda durch die wollige Mähne. „Ich freue mich so, daß du keine Angst mehr vor mir hast“, sagte sie leise.

Sameda genoß Johannas Berührung offensichtlich. Sie schloß die Augen und reckte ihren Hals Johanna noch weiter entgegen. Da spürte Johanna ein Ziehen an ihrem Pullover. Als sie sich umwandte, stand Mira hinter ihr. Sie hielt den Pullover im Maul und zog daran. Johanna lachte, sie schob dem Fohlen von der Seite sanft einen Finger ins Maul, so daß es den Pullover losließ. „Du willst auch gestreichelt werden, nicht wahr?"

Mira schob sich blitzschnell zwischen Sameda und Johanna. Das Mädchen fuhr dem Scheckfohlen über den Rücken. Da kam Sameda von der anderen Seite heran und zwickte Johanna kräftig in den Arm. „Nein!" rief Johanna bestimmt. „Das darfst du nicht", sagte sie energisch. Der Ton ihrer Stimme genügte, um beide Fohlen zurückweichen zu lassen. „Ich bin kein Pferd", sagte Johanna. Bernice hatte ihr oft eingeschärft, die Fohlen nicht zwicken zu lassen.

„Es mag lustig sein, solange die Fohlen klein sind", hatte sie Johanna erklärt. „Aber so gewöhnen sie sich eine schlechte Angewohnheit an. Auf einmal wird aus dem niedlichen Fohlen ein Jährling. Aus dem Knabbern und Zwicken wird Beißen. Auch wenn keine böse Absicht dahintersteckt, kann es nun einen Menschen ernsthaft verletzen. Und wir strafen es dann, ohne zu bedenken, daß wir diejenigen waren, die es zum Beißen erzogen haben. Ein Pferd versteht nicht, warum es als Fohlen knabbern darf, aber plötzlich als Jährling dafür bestraft wird. Das Schlimmste daran ist aber, daß es nicht gelernt hat, Menschen zu respektieren. Es behandelt sie wie seinesgleichen. Es hat nicht verstanden, daß es zwar andere Pferde zwicken darf, aber Menschen nicht. So wächst es zu einem respektlosen Jungpferd heran, das beißt und leicht auch einmal nach einem Menschen ausschlägt, so wie es einen Weidegenossen zurechtweist."

Schon drängten sich die Fohlen wieder um Johanna. „Es wird höchste Zeit, daß Jill und Bernice kommen!" Das Mädchen lachte. „Ihr habt beide noch eine Menge zu lernen, ehe ihr als wohlerzogene Pferde gelten könnt!"

Am nächsten Tag trafen sich die drei bei den Fohlen. Johanna hatte Jill in den letzten Tagen gezeigt, was sie von Bernice gelernt hatte, so daß die Fohlen nun auf dem gleichen Ausbildungsstand waren.

„Eure Fohlen werden von Tag zu Tag hübscher", lobte Bernice. „Verstehen sie die Kommandos zum Anhalten und Weitergehen inzwischen richtig?"

„Ja", sagte Jill, „das macht Mira wirklich sehr gut. Bis zum Halfteranziehen sind wir allerdings noch nicht gekommen."

„Das macht nichts", meinte Bernice, „damit hat es keine Eile. Ihr könnt eure Stuten ja erst in drei Wochen wieder reiten. Damit ihr nicht immer das gleiche mit den Fohlen übt, zeige ich euch heute noch etwas anderes. Vielleicht habt ihr ja mit den beiden hier schon Hufeaufheben geübt?"

Johanna schüttelte den Kopf.

„Wichtig dabei ist, daß man weiß, daß es für ein Fohlen nicht leicht ist, auf drei Beinen zu stehen. Sie haben noch große Schwierigkeiten, ihr Gleichgewicht zu finden."

„Sollte nicht einer von uns das Fohlen dabei an einem Halfter halten?" fragte Jill.

„Nicht unbedingt", erwiderte Bernice. „Ihr könnt ihnen auch eine Schlaufe lose um den Hals legen und sie daran festhalten!" Sie hob warnend die Hand. „Ihr müßt aber immer darauf achten, nur eine Schlaufe zu machen, die sich unter gar keinen Umständen zuziehen kann! Wenn ihr die Hufe nur ganz kurz anhebt, wird euer Fohlen auch nicht weglaufen wollen. Also braucht ihr es nicht festhalten, höchstens ein wenig stabilisieren."

Bernice ging zu Sameda. Sie strich an ihrem Vorderbein entlang. „Das Fohlen soll lernen, das Bein ruhig stehen zu lassen, bis ich es dazu auffordere, den Huf zu geben. Es ist wichtig, daß es genau versteht, was ich von ihm will!" Bernice richtete sich auf. „Ihr kennt sicher Pferde, die die Hufe geben, sobald man auch nur das Bein berührt. Sie haben nicht gelernt, auf ein Stimmsignal hin zu gehorchen, sondern heben auf die leiseste Berührung hin die Hufe und versuchen, es einem recht zu machen. Könnt ihr euch vorstellen, wie schwer es ist, einem solchen Pferd einen Verband anzulegen, oder eine Wunde am Bein zu säubern? Deshalb erziehe ich meine Pferde dazu, still zu stehen und sich die Beine berühren zu lassen. Sie sollen nur dann die Hufe geben, wenn ich sie auch dazu aufgefordert habe."

„Klingt sehr vernünftig", sagte Jill.

Bernice beugte sich zu Mira hinunter, während Jill bei ihrem Kopf stand und die Schlaufe lose in der Hand hielt. Bernice fuhr am Vorderbein des Fohlens entlang. Sie gab zu beiden Seiten oberhalb des Fesselgelenks ein wenig Druck und sagte bestimmt: „Auf!" Nach kurzem Zögern hob das Fohlen den Huf. Bernice stellte ihn sofort wieder zu Boden und lobte Mira. „Es reicht, den Huf nur ein kleines Stück anzuheben", erklärte die alte Frau eifrig. „Mira soll auf keinen Fall das Gleichgewicht verlieren, denn damit wäre dies eine bedrohliche Erfahrung für sie. Sie soll sich wohl fühlen und unsere Kommandos verstehen. Dadurch wird ihr Selbstvertrauen wachsen, und sie wird sich nicht überfordert fühlen."

Johanna versuchte nun, Samedas Hufe aufzuheben. Das Fohlen verstand schnell, was sie von ihm wollte. Nur einmal geriet es ins Schwanken, als Johanna ihr Vorderbein anhob.

„Das war zu schnell und zu hoch", stellte Bernice fest. „Du mußt auch darauf achten, Samedas Bein nie zur Seite wegzuziehen. Mach jede Bewegung ruhig und ganz sanft!"

„Es ist gar nicht leicht, alles richtig zu machen", meinte Johanna. „Ich wußte gar nicht, wie wichtig alle diese Dinge bei der Aufzucht eines Fohlens sind."

„Die meisten Leute wissen das leider nicht", sagte Jill. „Wir haben Glück, daß wir Bernice kennen."

„Nun, ich bin hier nicht die einzige, die weiß, wie man Fohlen zu intelligenten und freundlichen Pferden erzieht", wehrte Bernice ab. „Leland Heller Stern und Dan wußten sehr genau, was sie mit den jungen Pferden taten, die sie ausbildeten. Sonst wäre Biba nie ein so wunderbares Reitpferd geworden." Sie sah nachdenklich zu den Fohlen hinüber. „In gewisser Hinsicht hat Jill allerdings recht", fuhr sie fort. „Es gibt viel zu viele Leute, die Fohlen haben, ohne genug von deren Aufzucht und Haltung zu verstehen. Oft wird einfach mit dem Nachbarhengst gezüchtet, ob er zur Stute paßt oder nicht. Viele Fohlen werden von unwissenden Leuten verdorben und wachsen zu Problempferden heran. Man kann sehr viel falsch machen und ein Fohlen in kurzer Zeit verderben. Diese Fehler wiedergutzumachen, wenn aus dem süßen Fohlen ein schwieriges Jungpferd geworden ist, ist sehr schwierig. Und es geht nur mit viel Wissen und Verständnis. Gewalt macht alles nur schlimmer!"

„Das stimmt", sagte Johanna. „Auf den Märkten hier

5 4307-8

sieht man immer wieder junge Pferde, die verkauft werden, weil die Besitzer nicht mit ihnen fertig werden. Manche dieser Tiere enden dann beim Schlachter", sagte Johanna wütend.

„Nun laßt uns nicht trübselig werden!" rief Bernice und klatschte in die Hände. „Eure Pferdekinder werden zu feinen Pferden heranwachsen, und ihr werdet viel Freude miteinander haben."

„Gibt es denn noch etwas, das die Fohlen lernen sollen, während sie noch so jung sind?" fragte Jill.

„Wenn sie sich gut führen lassen und Hufe geben, euch vertrauen und sich am ganzen Körper anfassen lassen, ist die Basis da. Später, wenn sie schon als Handpferd mitgehen können und etwas älter sind, könnt ihr ihnen noch mehr beibringen. Dann können sie lernen, über Stangen zu gehen, durch schmale Gassen und über Brücken, ohne Angst zu haben."

„Wo finden wir eine enge Gasse oder eine Brücke?" fragte Johanna.

„Ihr könnt mit Plastikplanen einen Engpaß bauen und mit einer schweren, alten Tür eine Brücke simulieren. Aber das hat alles Zeit, bis die Fohlen ein wenig älter sind."

Johanna und Jill begleiteten Bernice zu ihrem Auto. Johanna verschwand kurz, um etwas vom Gepäckträger ihres Fahrrades zu holen. Als die alte Frau den Motor anließ, kam Johanna mit einer großen Tüte zurückgelaufen. „Das ist für dich Bernice“, rief sie, „als kleines Dankeschön von mir für all die Mühe, die du dir mit mir und den Fohlen gibst!“

Bernice schaute in die Tüte. „Du hast mir meinen Lieblingskuchen gebacken!“ rief sie laut. „Danke Kind, du bist ein Schatz!“ Damit lachte sie Johanna zu und fuhr knatternd aus der Hofeinfahrt.

Am nächsten Tag ging Johanna gleich nach der Schule zu den Pferden. Sie fand die kleine Herde im Schatten der mächtigen Baumwollbäume. Die Sonne malte goldene Kringel auf Samedas Fell; ein leichter Wind bewegte die Blätter und ließ die Blumen auf der Wiese schaukeln. In der Ferne aber türmten sich über den Bergen bedrohliche, schwarze Gewitterwolken.

Sameda ging auf Johanna zu. Der Anblick des Fohlens ließ Johannas Herz schneller schlagen. „Du bist wirklich eine kleine Pferdeprinzessin“, sagte sie und lächelte. „In der kurzen Zeit, die du auf der Welt bist, habe ich dich schon sehr liebgewonnen.“ Sie legte dem Fohlen behutsam einen weichen Strick um den Hals und knüpfte eine Schlaufe. „Heute möchte ich dich daran gewöhnen, daß du dich am Genick anfassen läßt“, sagte sie sanft.

Ihre Hände glitten einfühlsam über den kleinen Fohlenkörper. „So ist es brav“, lobte sie Sameda, die stillstand und nicht einmal mehr mit den Hinterbeinen zuckte. Langsam legte Johanna nun ihre Hand hinter die Ohren des Fohlens. Samedas Atem wurde plötzlich schneller, und ihr kleiner Schweif begann nervös hin und her zu schlagen. „Du brauchst keine Angst zu haben“, beruhigte sie Johanna. Sie spürte, wie sich der Nacken des Fohlens anspannte und es den Kopf hochdrücken wollte. Johanna begann sanft mit kreisenden Bewegungen Samedas Nacken zu massieren. Trotzdem hielt das Fohlen die Ohren weiter mißtrauisch nach hinten gerichtet. Erst nach einer Weile tat das kleine Pferd einen tiefen Atemzug und entspannte sich. „Siehst du, es ist doch gar nicht so schwierig“, sagte Johanna. „Sicher fühlst du dich so viel wohler.“

Erst als Sameda keine Zeichen von Abwehr mehr zeigte, verstärkte Johanna den Druck ein wenig. Und tatsächlich: Sameda senkte den Kopf, anstatt ihn hochzuwerfen!

„Du lernst schnell“, sagte Johanna zufrieden. „Wir werden das noch öfter üben. Wenn du dann ein Halfter trägst, wirst du den Druck hinter den Ohren nicht mißverstehen, sondern schon daran gewöhnt sein.“

Johanna war so in die Arbeit mit ihrem Fohlen versunken, daß sie alles um sich her vergaß. Sie zuckte zusammen, als mit einem Mal ein großer Schatten über sie fiel. Schnell richtete sie sich auf. „Onkel Harvey!“ rief sie dann erleichtert. „Meine Güte, du hast mir einen furchtbaren Schrecken eingejagt!“

„Das hatte ich nicht vor“, sagte Harvey Kleiner Bär. Er lächelte. Der breitschultrige Indianer sah das Fohlen aufmerksam an. Seine dunklen Augen waren nachdenklich. Er trug Jeans und ein verwaschenes, kariertes Hemd. Man sah ihm nicht an, daß er schon Anfang sechzig war. Er trug sein halblanges, schwarzes Haar zu einem Zopf geflochten.

„Sameda ist eines der schönsten Fohlen, das ich je gesehen habe“, sagte er anerkennend. „Setz dich zu mir“, fuhr er fort und machte eine Handbewegung zum Baumstamm hin. „Ich möchte dir etwas erzählen.“

Johanna nahm Sameda die Schlaufe ab und strich ihr über die wollige Mähne. Dann setzte sie sich neben Harvey ins trockene Gras. Sie wußte, daß es sich nach der indianischen Tradition nicht gehörte, als jüngere ihren „Onkel“ mit Fragen zu bestürmen. So wartete sie geduldig, bis er zu reden begann. Sie hatte bemerkt, daß er sein Kästchen mit zeremoniellen Gegenständen mitgebracht hatte.

Harvey Kleiner Bär war ein traditioneller indianischer Arzt, der Biba einst das Leben gerettet hatte. Die Stute hatte eine schwere Verletzung am Bein gehabt, so daß der Tierarzt sie als „hoffnungslosen Fall“ aufgegeben hatte. Dank Harveys Hilfe und Heilkunst war nur eine kaum sichtbare Narbe von der tiefen Wunde übriggeblieben.

„Die alte Annabell hat mich gestern zu sich gerufen“,

begann Harvey. Annabell war eine weise Frau aus dem Pueblo, die viel von Kräutern und Heilkunst verstand. Sie hatte Johanna schon oft mit ihrem Wissen geholfen und ihr auch bei der Arbeit mit den Pferden gute Ratschläge gegeben. „Sie hat von deinem Fohlen geträumt", fuhr Harvey fort. Er sah Johanna ernst an.

„War es ein schlechter Traum?" fragte Johanna beklommen.

„Du weißt doch, daß es für uns keine schlechten Träume gibt", sagte Harvey. „Alle Träume sind Botschaften, auch wenn wir sie manchmal nicht verstehen oder eine Weile dazu brauchen. Annabells Traum war eine Warnung!"

„Was hat sie gesehen?" wollte Johanna wissen. Sie schluckte.

„Sie wird es dir selbst erzählen", erklärte Harvey. „Sie sah Gefahren für dein Fohlen. Weil sie nicht mehr so gut zu Fuß ist, hat sie mich zu dir geschickt. Sie schlägt vor, eine kleine Zeremonie für Sameda abzuhalten, damit sie einen besonderen Schutz bekommt!"

„Wie kann sie durch eine Zeremonie geschützt werden?" fragte Johanna.

„Das solltest du inzwischen wissen", meinte Harvey. „Erinnerst du dich daran, wie du für Talio gebetet hast, bevor du ihn freigelassen hast? So können wir auch für Sameda beten. Unsere guten Gedanken werden sie wie ein unsichtbarer Schutzschild umgeben und sie vor Unheil bewahren. Natürlich genügt das nicht. Wir werden gut achtgeben müssen auf sie!“

„Dan hat mir einmal gesagt, daß man jemanden schützen kann, indem man ihn in Gedanken in einer Wolke aus weißem Licht sieht“, sagte Johanna leise.

„Das stimmt.“ Harvey nickte. „Es ist eine gute Einstimmung für unsere Zeremonie. Schließ die Augen und stell dir Sameda genau vor. Nun stell dir vor, daß durch dich hindurch ein wunderschönes, weißes Licht fließt, das du deinem Fohlen mit jedem Atemzug schickst. Kannst du das Fohlen gut sehen?“

„Ja“, sagte Johanna, „Dan hat solche Dinge oft mit mir geübt.“

„Nun stell dir vor, wie dieses weiße Licht Sameda ganz und gar einhüllt und wie eine leuchtende Wolke umgibt.“

Johanna konnte sich das helle Licht gut vorstellen. Es war ein schönes Bild, Sameda in der weißen Lichtwolke zu sehen. Johanna spürte, wie die Angst um ihr Fohlen schwächer wurde und sie mit Zuversicht und Frieden erfüllt wurde. Wie aus weiter Ferne drang Harveys Stimme an ihr Ohr: „Frage nun Sameda in deinen Gedanken, ob das genug Schutz für sie ist. Wenn sie bejaht, stell dir vor, daß sie langsam in ihrer Wolke davongeht, bis du sie nicht mehr sehen kannst. Wenn du bereit bist, kannst du die Augen langsam wieder öffnen.“

Nach einer Weile schlug Johanna die Augen wieder auf. „Das war eine schöne Übung", sagte sie nachdenklich.

„Nun wollen wir gemeinsam ein Gebet zum Schutz Samedas sprechen", sagte der Indianer. „Danach will ich ein wenig Weihrauch verbrennen, und wir können den heiligen Rauch mit einer Feder über Samedas Körper streichen. Ist dir das recht?"

„Natürlich", sagte Johanna. „Ich bin froh, daß du dir die Zeit nimmst, diese Dinge mit mir für Sameda zu tun."

Harvey öffnete sein Kästchen mit den heiligen Gegenständen. Er nahm eine kleine, fein gewebte Decke hervor und legte sie vor sich auf den Boden, danach eine flache Schale und füllte sie mit duftenden Zedernnadeln. Zum Schluß holte er eine schöne, schwarzweiße Adlerfeder hervor. Die Pferde beobachteten ihn neugierig. Sameda schien besonders neugierig zu sein. Sie näherte sich den beiden Menschen bis auf wenige Schritte. Sie schnaubte leise, und ihre Ohren waren aufmerksam nach vorn gestellt.

„Sie weiß, daß wir hier etwas für sie tun. Deshalb erklären wir bei allen Dingen den Tieren zuerst, was wir vorhaben. So wissen sie um unsere Absicht und können sich darauf einstellen. Die meisten Tiere wehren sich nur, wenn sie von uns überrumpelt und nicht respektiert werden."

„So gehen die meisten Menschen ja auch mit der Natur um", sagte Johanna nachdenklich. „Wer fragt schon eine Blume, ob er sie pflücken darf, oder dankt einem Baum für seine Früchte?"

„Es geht viel altes Wissen verloren", sagte Harvey. „Gewissenlose Männer graben tiefe Wunden in unsere heiligen Berge und schlachten die Wale, die Wächter der Meere, ab. Sie beuten unsere Mutter Erde skrupellos aus und wollen nicht wissen, was sie damit anrichten!" Harvey Kleiner Bär sah Johanna an. „Du darfst aber die Hoffnung nicht aufgeben. Du hast offene Ohren und ein offenes Herz für die richtige Art, die Welt zu verstehen. Du hast vieles gelernt, was unsere jungen Indianer nicht mehr wissen – oder gar nicht mehr wissen wollen. Viele von ihnen sind entwurzelt und schwach und zerstören sich selbst durch Alkohol und Drogen. Junge Menschen wie du und Ben sind eine Hoffnung. Die Zeiten haben sich verändert. Wir alten Indianer sind bereit, unser Wissen mit denen zu teilen, die lernen wollen. Dabei spielt die Hautfarbe keine Rolle mehr. Vor dem großen Geist sind wir alle gleich!" Harvey Kleiner Bär sah Johanna ernst an. „Laß uns gemeinsam für dein Fohlen beten!"

Nachdem sie ihr Gebet beendet hatten, zündete Harvey die Zedernnadeln an. Feiner, duftender Rauch stieg auf. Harvey nahm die Feder und hielt sie in den Rauch. Dann ging er zu Sameda. Der Indianer sprach leise in seiner Sprache mit dem Fohlen. Sameda sah ihn an und blieb ruhig stehen, als er mit der Feder über ihren Körper strich. Johanna war immer froh, wenn sie die Gelegenheit hatte, Harvey im Umgang mit Tieren zu beobachten. Nun kam er zu ihr zurück und reichte ihr die Feder. „Jetzt bist du an der Reihe", sagte er ernst. „Denk daran, Sameda zu erklären, was du vorhast. Man kann ein Tier und auch einen Menschen nur heilen oder segnen, wenn er damit einverstanden ist. Wenn in Sameda auch nur die leiseste Abwehr oder Angst ist, wird der Segen nicht wirksam werden. Deshalb ist es wichtig, sie um ihr Einverständnis zu bitten, damit sie deinen Segen auch annehmen kann."

Johanna hielt nun die Feder in den feinen Rauch, der noch immer von den Zedern aufstieg. „Sameda, ich möchte dich mit unseren Gebeten und diesem heiligen Rauch segnen, damit er dich beschützt und behütet", sagte sie leise, als sie vor dem Fohlen stand.

Sameda unternahm keinen Versuch, davonzulaufen, sie sah Johanna aufmerksam an. Sie hielt still, als das Mädchen sie mit der Feder berührte. „Du bist so klug wie deine Mutter", sagte Johanna und klopfte dem Fohlen liebevoll den Hals.

„Aus Sameda wird einmal ein ganz besonderes Pferd", meinte Harvey nachdenklich. „Die meisten Tiere spüren, wenn man in guter Absicht auf sie zukommt und ihnen Verständnis und Respekt entgegenbringt."

Johanna erinnerte sich daran, wie sie und Harvey einmal in den Bergen einem riesigen Bären begegnet waren. Selbst mit diesem wilden Bären hatte Harvey freundlich gesprochen. Der Bär war an ihnen vorbeigegangen, ohne im geringsten aggressiv zu sein.

Harveys Stimme holte Johanna aus ihren Erinnerungen: „Die alte Annabell hat eine Bitte an dich. Sie möchte, daß du sie mit den Pferden besuchen kommst, wenn Sameda alt genug ist, um bei den Ausritten mitzulaufen."

„Sag ihr, ich komme gern", erwiderte Johanna. „In zwei Wochen ist es soweit." Sie lächelte Harvey zu. „Danke für deine Hilfe, Onkel Harvey."

Harvey erwiderte: „Ich freue mich, zu sehen, daß meine Worte von dir verstanden werden. Deinen Pferden sieht man an, daß du gut mit ihnen umgehst. Selbst die Augen der alten Rose sind voller Lebensfreude, und ihr Fell glänzt. Ich bin zufrieden mit dir, meine Nichte, und ich danke dir."

Beim Tor wandte er sich noch einmal um und winkte Johanna zu. Die Sonne stand schon tief und umgab ihn mit einem goldenen Schimmer. Auf einmal war es Johanna, als ob das Leuchten um ihn intensiver würde und sich seine Gestalt in flirrendem Licht auflöste. Johanna schloß verwirrt die Augen. Als sie sie wieder öffnete, ging der alte Indianer ein großes Stück weiter oben den schmalen Pfad zu Johnsons Farm hinauf.

Der Ausritt zu Annabell

Ein paar Tage später legte Johanna ihrem Fohlen das erste Mal ein Halfter an. Sie schnallte den Führstrick ein und ließ ihn zu Boden hängen. Ob sie sich noch daran erinnert, was sie neulich gelernt hat? dachte sie. Dann legte sie behutsam ihre Hand in Genickhöhe ein wenig unterhalb des Mähnenkammes an den Hals des Fohlens. Sameda mochte die weichen, kreisenden Bewegungen von Johannas Händen. Als das Mädchen leicht am Führstrick nach unten zog, senkte das Fohlen den Kopf ein Stückchen.

„So ist es brav", lobte Johanna. „Ich freue mich so, daß du dich noch daran erinnerst", sagte sie stolz.

Nach einer Weile stellte sie sich neben Samedas Kopf. Sie zupfte vorsichtig am Führseil, tippte Sameda leicht mit der Ausbildungsgerte an und sagte „Schritt!" Nach kurzem Zögern trat Sameda an. Sie ging aufmerksam neben Johanna her. Als Johanna ihr die Zeichen zum Anhalten gab, blieb sie gehorsam stehen.

„Das machst du wirklich gut“, sagte Johanna. Sie wußte, wie wichtig es war, Sameda wissen zu lassen, daß sie mit ihr zufrieden war. So übte sie mit dem Stutfohlen eine Viertelstunde lang.

Dann nahm sie ihr das Halfter ab und ging zu Biba. Die schwarze Stute begrüßte sie mit leisem Wiehern.

„Nun wird es Zeit, daß ich mich auch um dich kümmere, nicht wahr?“ Sie holte Striegel und Kardätsche aus dem Putzbeutel und begann, ihre Stute sorgfältig zu putzen. Johanna achtete darauf, das Striegeln für Biba möglichst angenehm zu machen. Sie wußte, an welchen Stellen sie die Bürste nur sehr vorsichtig gebrauchen sollte, und an welchen Stellen Biba festes Rubbeln gern hatte.

„In ein paar Tagen ist es soweit“, sagte sie zum Abschied. „Wir werden wieder ausreiten können. Sicher fehlt dir schon die Weite der Mesa und ein wenig frischer Wind um die Nase. Morgen üben Jill und ich mit den Fohlen, an den Sattel angebunden mitzugehen.“

Jill wartete bereits auf Johanna, als sie am nächsten Tag in den Hof einbog. „Ich freue mich schon auf unseren ersten Ausritt!“ rief sie strahlend.

„Ich glaube, es wird uns allen Spaß machen“, sagte Johanna. „Die Fohlen werden eine neue Welt entdekken und stark und ausdauernd werden.“

Jill und Johanna nahmen einen Sattel mit zur Weide.

„Laß uns mit Biba und Sameda anfangen", schlug Jill vor. „Du hast mit Sameda mehr geübt als ich mit Mira. So kann Mira erst einmal zuschauen und sehen, worum es geht."

Johanna nickte und holte Biba. Sie bürstete über die Sattel- und Gurtenlage und vergewisserte sich, daß an diesen empfindlichen Stellen keine Sandkörner oder kleine Erdklumpen waren. Dann legte sie der Rappstute den Sattel auf. Wie immer ließ sie sich Zeit und zog den Sattelgurt nur allmählich fest, damit Biba das Angurten nicht unangenehm war. Sameda stand an Bibas Seite und schaute Johanna zu.

„Du wunderst dich sicher, was für ein seltsames Ding ich deiner Mutter auf den Rücken schnalle", sagte Johanna. „Eines Tages, wenn du groß und stark bist, wirst du selbst lernen, einen Sattel zu tragen!" Sie zog dem Fohlen das Halfter an.

„Zuerst will ich sie ein Stück führen, damit wir sie nicht gleich mit einer neuen Übung konfrontieren", sagte sie zu Jill.

Sameda ging gern mit Johanna mit.

„Sie versteht wirklich, was du von ihr willst", meinte Jill bewundernd.

Dann gab Johanna Jill Bibas Führstrick. Während Jill die schwarze Stute führte, ging Johanna mit Sameda einige Zeit an ihrer Seite mit.

„Nun weiß sie, glaube ich, daß sie sich an Bibas Seite

halten soll“, sagte Johanna. Sie schlang das Führseil des Fohlens um Bibas Sattelhorn. „Geh ganz langsam los“, bat sie Jill, „damit es keinen plötzlichen Ruck gibt!“

Jill führte Biba vorsichtig an. Johanna ging neben Sameda. Sobald Biba antrat, sagte sie „Schritt“ und tippte das Fohlen mit der Gerte an. Sameda ging los und lief neben ihrer Mutter her. Nur einmal spannte sich das Seil, als das Fohlen etwas zurückgeblieben war. Im ersten Augenblick sträubte sich Sameda gegen den ungewöhnlich starken Zug des Führseils. Aber Johanna berührte sie sofort leicht mit der Gerte und forderte sie zum Weitergehen auf. Sameda lernte innerhalb von wenigen Minuten, daß der Zug am Führseil nachließ, wenn sie schneller wurde.

„Es ist so schön, daß unsere Fohlen nicht kämpfen und sich wehren“, sagte Jill zufrieden.

„Ich erinnere mich noch gut an die Kämpfe, die wir mit Talio gehabt haben“, sagte Johanna traurig. „Damals wußte ich es einfach nicht besser. Ich dachte, Fohlen müßten sich eben wehren und ein bißchen mitgezerrt werden, ehe sie lernen, brav an der Seite ihrer Mutter mitzugehen. Nie hätte ich mir träumen lassen, daß es so einfach und angenehm für alle Beteiligten sein kann.“

„Ich bin unheimlich froh, daß Bernice uns ihre Art, Fohlen zu erziehen, gezeigt hat“, sagte Jill. „Sameda hat, glaube ich, begriffen, worum es geht. Wollen wir jetzt mit Mira üben?"

Das Scheckfohlen hatte interessiert zugesehen, wie Jill und Johanna mit den Pferden übten.

„Na, mein Mädchen, wirst du genauso schnell lernen wie Sameda?" fragte Jill und zog dem Fohlen das Halfter an, während Johanna Goldie sattelte. Das Zuschauen hatte Mira tatsächlich genützt. Sie ging genauso brav wie Sameda mit und machte keine Anstalten, sich zu widersetzen. Jill und Johanna waren sehr zufrieden. „Die Fohlen sind bald bereit für ihren ersten Ausritt", meinte Jill. „Ich glaube, sie werden gut mitlaufen!"

„Ja, wenn wir noch ein paarmal mit ihnen geübt haben, kann es losgehen", sagte Johanna. „Die meiste Zeit können sie ja sowieso frei mitlaufen. Anbinden müssen wir sie nur in der Nähe der Straße."

„Heute ist es soweit", erzählte Johanna ihrer Freundin Betsy in der Schule. „Jill und ich werden unseren ersten kleinen Ausritt mit den Fohlen unternehmen!"

„Schön!" rief Betsy. „Dann können wir ja auch schon bald wieder zusammen ausreiten. Ich möchte gern mitkommen, wenn du Annabell besuchen gehst. Ich habe sie schon lange nicht mehr gesehen."

„Es ist ja nicht sehr weit von Johnsons Farm zu ihrem Haus", meinte Johanna. „Nach ein paar kleineren

Proberitten könnten wir sie am Wochenende besuchen."

Johanna war aufgeregt, als sie zur Sattelkammer ging. Sie holte die Halfter und folgte Jill, die bereits zur Koppel vorausgegangen war und die Pferde rief. Bald waren die Stuten am Sattelplatz. Jill und Johanna putzten ihre Pferde sorgfältig und sattelten sie dann. Die Fohlen liefen neugierig umher. Sie beschnupperten Johannas Fahrrad und erschraken, als sie einen Schubkarren umwarfen. „Es ist das erste Mal, daß sie etwas anderes sehen als ihre Koppel und den Unterstand", meinte Jill.

„Sie werden sicher noch viel Interessanteres entdekken", lachte Johanna und stieg auf. Biba schnaubte zufrieden, als sie aus dem Hof ritten. Jill ritt neben ihr auf Goldie, und die Fohlen liefen hinterher.

Der Weg führte bald in die Weite der Mesa hinaus. Es war Sommer geworden, und der Boden wurde trocken und rissig. Jill und Johanna hatten den Spätnachmittag für ihren Ritt gewählt, weil es dann nicht mehr so heiß war. Die große Ebene lag vor ihnen. Die rote Erde wirbelte unter den Hufen ihrer Pferde auf. Nur die Salbeisträucher waren noch frisch und grün. Im Osten ragten majestätisch die Berge auf. „Das Reiten hat mir gefehlt", sagte Johanna. „Ich liebe es, mit Biba über die Ebene zu streifen oder die Berge zu er-

6 4307-8

kunden! Man sieht immer etwas Besonderes dort!"

„Man kann so weit sehen von hier", meinte Jill, „es ist, als liege die ganze Welt vor einem. Wollen wir ein Stück weit traben?"

Sie schlugen einen leichten Trab ein. Die Fohlen rannten ihren Müttern übermütig voraus. Mira bukkelte und schlug aus, und Sameda sauste wie ein Hase im Zickzack um die Sträucher. Nach einer Weile tauchte die Landstraße vor ihnen auf.

„Hier sollten wir die Fohlen besser anbinden", schlug Johanna vor. Sameda und Mira ließen sich leicht am Weidehalfter greifen und gingen folgsam neben ihren Müttern über die Straße. Bald machten Jill und Johanna sich wieder auf den Heimweg, um die Stuten und Fohlen nicht zu überfordern. „Sie müssen sich erst langsam wieder daran gewöhnen, geritten zu werden", sagte Jill.

Johanna nickte. „Sie haben aber noch immer eine gute Kondition. Und auf unsere Fohlen bin ich richtig stolz. Sie haben sich auf ihrem ersten Ausflug gut benommen."

Nach ein paar weiteren kleinen Ausritten war es soweit. „Heute besuchen wir Annabell", sagte Johanna zu Biba, als sie die schwarze Stute von der Weide holte. Sameda lief leichtfüßig zur Farm voraus. Johanna schwang sich mit einem geschmeidigen Satz auf den

Rücken der schönen Stute. Sie brauchte Biba nicht zu lenken, die Stute wußte genau, daß es zum Sattelplatz ging. Johanna hatte gerade aufgesattelt, als sie das Trappeln von Hufen im Hof hörte. Biba wieherte freudig, und Storm, Betsys grauer Wallach, antwortete ihr.

Bald waren die Mädchen unterwegs zu dem Pueblo, in dem Annabell wohnte. Schon konnten sie die viereckigen Lehmbauten in der Ferne erkennen.

„Sameda ist heute besonders übermütig", sagte Johanna und lachte. Das Fohlen hatte schnell seine anfängliche Scheu vor Storm verloren. Sameda lief in Bocksprüngen neben dem Grauen und schüttelte die krause Mähne. Ab und zu versuchte sie den Wallach spielerisch in die Flanke zu zwicken.

„Ich bin gespannt, was Annabell uns über Sameda erzählen wird", meinte Betsy. „Ich kann mir nicht vorstellen, daß die Kleine tatsächlich in Gefahr ist."

„Wer weiß", murmelte Johanna nachdenklich. „Annabell sieht und hört vieles, was wir uns nur schwer vorstellen können."

Bald waren sie vor dem kleinen Haus angelangt. Betsy schaute auf die Uhr. „Ich hoffe, sie kocht nicht gerade", kicherte sie.

„Nein, nein", versicherte Johanna, „um diese Zeit kocht sie bestimmt nicht!" Die alte Frau konnte es nämlich nicht leiden, wenn sie beim Kochen gestört wurde. Dann wies sie jeden Besucher barsch und unfreundlich ab, egal wie wichtig seine Angelegenheit auch sein mochte.

Johanna klopfte an die schwere Holztür. Nach einer Weile hörten die Mädchen die schlurfenden Schritte der alten Indianerin. „Es wird Zeit, daß ihr mich einmal besuchen kommt", sagte sie, als sie die Tür öffnete. „Ihr weißen Mädchen habt immer anderes im Kopf, als eine alte Frau wie mich zu besuchen", grollte sie. Aber ihre Miene verriet, daß sie es nicht ernst meinte.

Johanna hatte lange gebraucht, bis sie das Vertrauen der alten Annabell gewonnen hatte und noch länger, bis sie ihre Art zu scherzen verstehen gelernt hatte.

„Wir haben dir etwas mitgebracht", sagte sie und reichte Annabell ein Päckchen Kaffee und eine große Tüte mit Keksen.

„Wenigstens wollt ihr mich nicht verhungern lassen", sagte Annabell, nun schon etwas freundlicher. Die Mädchen sahen sich schnell an, denn die alte Annabell war ungeheuer dick; sie machte keineswegs den Eindruck, in Kürze an Hunger zu sterben. Sie trug ein grellgrünes Kleid und mehrere Ketten und Armreifen. Ihr Gesicht war von vielen Falten durchzogen, aber die Augen waren wach und lebhaft und blitzten auf, als ihr Blick auf Sameda fiel. Sie ging auf das Fohlen zu und sagte ein paar Worte zu ihm. Annabell redete mit dem Fohlen in ihrer Sprache und summte eine einfache Melodie. Schließlich wandte sie sich den Mädchen zu und sagte: „Ihr könnt die Pferde hinters Haus bringen!“

Johanna und Betsy versorgten die Pferde und kamen dann in die Küche. Schon beim Betreten des Flurs schlug ihnen der eigentümliche Geruch entgegen, der für das Haus der alten Annabell so typisch war. Es roch nach gedörrten Chilis, nach Kaffee und Weihrauch und nach anderen, undefinierbaren Gerüchen von Gewürzen und Kräutern. Die Mädchen setzten sich an den Küchentisch. Über ihnen hingen Maiskolben von der Decke, an den Wänden stapelten sich Kisten, und es gab Regale voller Dosen und Gläser mit getrockneten Kräutern. Sie wußten, daß es keinen Sinn hatte, Annabell anzusprechen, ehe sie sich nicht mit der gewohnten Kanne Kaffee zu ihnen gesetzt hatte.

Johannas Blick schweifte durch die Küche. Vor dem Fenster hingen große Büschel Kräuter und Wildblumen, die Annabell dort zum Trocknen aufgehängt hatte. Sie bewegten sich leise im Sommerwind. Die alte Frau stellte die Kaffeekanne auf den Tisch und holte Milch und Zucker. Sie goß die Tassen der Mädchen voll und setzte sich langsam.

Es fiel Johanna schwer, nicht sofort nach Sameda zu fragen. Die alte Annabell trank seelenruhig ihren Kaffee und sprach über das Wetter. Dann sah sie Johanna ernst an.

„Ich habe von deinem Fohlen geträumt", sagte sie unvermittelt. „Sie stand vor mir, und ich sah zwei Pfotenabdrücke eines großen Kojoten auf ihrem goldroten Fell. Die Abdrücke waren schwarz", sagte sie eindringlich.

„Was bedeutet dieser Traum?" fragte Johanna beunruhigt.

„In meinen Träumen warnen mich Kojoten oft vor Gefahren", erklärte Annabell. „Die beiden Abdrücke auf Samedas Fell bedeuten, daß sie innerhalb eines Jahres in zwei gefährliche Situationen kommen wird."

„Können wir etwas tun, um das zu verhindern?" fragte Betsy beklommen.

„Durch Harveys Zeremonie hat sie zwar einen besonderen Schutz", meinte Annabell bedächtig, „aber es gibt Dinge, die geschehen müssen, und die man nicht verhindern darf!"

„Ich kann nicht glauben, daß wir hilflos unserem Schicksal ausgeliefert sind", sagte Johanna unwillig. „Es muß irgend etwas geben, was wir tun können!"

Annabell sah sie durchdringend an. „Natürlich sind wir nicht hilflos unserem Schicksal ausgeliefert. Bevor wir geboren werden, wählen wir, was wir hier auf der Erde lernen wollen. Diesem Lehrplan müssen wir folgen, auch wenn wir uns meist nicht mehr daran erinnern können, ihn selbst zusammengestellt zu haben. Wie wir aber lernen wollen, was wir lernen müssen, ist unsere freie Wahl. Man kann es sich schwermachen, und man kann es sich leichtmachen, man kann schnell lernen oder langsam!" Die alte Indianerin starrte einen Moment blicklos aus dem Fenster. Dann wandte sie sich wieder Johanna zu. „Du glaubst, daß Gefahr etwas Schlechtes ist, etwas, das man möglichst vermeiden soll, nicht wahr?"

Johanna antwortete nicht sofort. „Darüber habe ich noch nicht so genau nachgedacht", meinte sie. „Aber ich meide Gefahren so gut es geht, das stimmt."

Annabell schüttelte den Kopf. „So denken die Weißen", sagte sie. „Sie lieben Sicherheit und meiden Gefahren. Und warum? Weil sie Angst haben."

„Du hast recht", sagte Johanna. „Ich habe Angst um Sameda, Angst, daß ihr etwas zustoßen könnte. Das ist doch nur verständlich!"

„Weißt du nicht, daß man durch seine Angst dem Macht verleiht, wovor man sich fürchtet? Früher suchten unsere Krieger die Gefahren, sie warteten auf Gefahren und hießen sie als Lehrer willkommen. Durch jede Gefahr lernten sie, mutig zu sein, sich selbst zu vertrauen und ihre Angst immer mehr zu verlieren. Wer Angst hat, den regiert sie. Wirklich frei ist nur, wer sich nicht mehr fürchtet!"

„Ich verstehe das nicht alles", meinte Betsy. „Willst

du uns sagen, daß wir durch die Gefahren, in die Sameda geraten wird, lernen können, keine Angst mehr zu haben?"

Annabell nickte. „Es ist nicht so wichtig, was in unserem Leben geschieht, sondern wie wir damit umgehen. Ja, ihr könnt lernen, weniger Angst zu haben. Ihr könnt aber auch noch viel mehr Angst bekommen, das liegt bei euch. Es gibt wirklich nichts, was ihr zu befürchten habt. Ihr habt gebetet und Sameda gesegnet. Ihr wißt, daß der große Geist euch gehört hat und euer Gebet beantworten wird. Wie er es auch beantwortet, es wird richtig für euch sein, auch wenn ihr das jetzt nicht sehen könnt."

„Kannst du das genauer erklären?" bat Johanna.

Annabell nahm einen großen Schluck Kaffee. „Ich habe einmal eine chinesische Geschichte gehört", sagte sie. „Es war ein armer Bauer, der hatte nur ein Pferd, einen wunderschönen Hengst. Eines Morgens war es verschwunden. Alle Nachbarn kamen und bemitleideten den Bauern. Du Armer, riefen sie. Dein einziges Pferd ist fort! Womit wirst du deinen Acker bestellen und deine Ernte heimbringen? Du wirst im Winter hungern müssen! Der Bauer aber zuckte nur mit den Schultern und sagte: Wer weiß, wozu es gut ist. Wir werden sehen... Ein paar Tage später kam der Hengst zurück und brachte vier schöne Stuten mit. Nun hatte der Bauer fünf Pferde! Wieder kamen die Nachbarn.

Diesmal gratulierten sie ihm. Was für ein Glückspilz! riefen sie. Fünf prächtige Pferde! Die Götter meinen es gut mit dir! Wieder zuckte der Bauer die Schultern und erwiderte: Wer weiß, wozu es gut ist. Wir werden sehen... Nun begann der einzige Sohn des Bauern, die neuen Stuten einzureiten. Eine von ihnen war sehr wild. Sie warf den Sohn ab, und er brach sich ein Bein. Wieder kamen die Nachbarn. Welch ein Unglück! riefen sie. Dein einziger Sohn kann nicht arbeiten! Wie wirst du die Arbeit allein bewältigen? Sicher wirst du im Winter Hunger leiden."

Annabell lächelte. „Was sagte der Bauer?" fragte sie die Mädchen.

„Wer weiß, wozu es gut ist, wir werden sehen..." sagte Johanna zögernd.

„Richtig." Annabell nickte. „Ein paar Tage später brach der Krieg aus. Alle jungen Männer der Provinz wurden eingezogen, nur der Sohn des Bauern nicht, weil er ein Bein gebrochen hatte. Und wieder kamen die Nachbarn. Du Glücklicher! riefen sie. Bald wird dein Sohn gesund sein und dir helfen können, während unsere Söhne lange fort sein werden und vielleicht nicht mehr zurückkommen. Wie müssen die Götter dich lieben, daß sie dir soviel Glück bescheren!"

Annabell machte eine Pause. „Die Antwort des Bauern kennt ihr inzwischen", meinte sie. „Versteht ihr diese Geschichte?"

„Es geht darum, daß man nie wissen kann, wozu etwas gut ist, nicht wahr?“ sagte Johanna.

„Wir sagen, daß ein Segen manchmal in einer Verkleidung kommt, so daß wir ihn nicht gleich erkennen. Ihr habt es sicher auch schon erlebt, daß etwas, das zuerst wie ein Unglück aussah, sich später als Glück herausstellte.“ Die alte Frau schwieg.

Johanna sah nachdenklich vor sich hin. Annabell klatschte in die Hände. „Kein Grund, trübselig dreinzuschauen!“ rief sie. „Mutig und furchtlos zu werden ist nicht nur Kriegern vorbehalten. Wir Frauen können diese Qualität ebenso in uns entwickeln. Sameda und du... ihr werdet euch gegenseitig dabei helfen können. Wenn du einer Gefahr begegnest, weiche ihr nicht aus. Sieh ihr ins Auge, sei auf der Hut und frage sie, was sie dich lehren kann! Ein Schüler fragte einmal seinen Lehrer, welchen Weg er nehmen sollte. Die Antwort lautete: Wähle den Weg, der dich zu dem führt, wovor du dich am meisten fürchtest. Auf diesem Weg kannst du am meisten lernen. Wenn du deiner Angst begegnet bist und sie überwunden hast, wirst du frei sein, frei wie der Wind.“

Gefahr am Fluß

Der Sommer ging zu Ende, und die Blätter begannen sich zu färben. Sameda war zu einem kräftigen, schönen Fohlen herangewachsen. Sie begleitete Johanna nun auf allen Ausritten. Die kleine Stute konnte mit atemberaubender Geschwindigkeit über unebenes Gelände fliegen. Sie hatte gelernt, Steilhänge hinauf und hinunter zu klettern und fürchtete sich weder vor Wasser noch vor befahrenen Straßen.

„Die Jahreszeiten wechseln hier so schnell", sagte Johanna zu Jill, als sie wieder einmal von einem Ritt nach Hause kamen. „In Deutschland dauern die Übergänge vom Sommer zum Herbst viel länger. Hier sind wir auf einmal schon mitten im Herbst."

„Das stimmt", sagte Jill. „Die Pferde haben auch schon ihr dickes Winterfell!" Sie fuhr Goldie über den Rücken.

„Ja." Johanna lachte. „Unsere Fohlen fangen an, wie richtige Zottelbären auszusehen!" Sie blickte zu den Gipfeln der Berge, die schon vom ersten Schnee bedeckt waren. „Manchmal denke ich daran, was Annabell über Sameda gesagt hat", murmelte sie. „Ich versuche mir keine Sorgen um sie zu machen und keine

Angst zu haben, aber das ist nicht leicht."

„Ich würde das alles nicht so ernst nehmen", schlug Jill vor. „Es war schließlich nur ein Traum, und auch Annabell kann sich einmal irren. Denk einfach nicht daran und genieße diesen herrlichen Herbst."

„Du hast recht", erwiderte Johanna. „Ich werde den Herbst genießen, morgen wollen Ben und ich zusammen ausreiten. Wir waren schon lange nicht mehr am Rio Grande, und ich möchte diesen Ritt machen, bevor der schmale Pfad vereist."

„Der Pfad ist wirklich gefährlich im Winter, man fällt sehr tief!" Jill sah zum Himmel. „Es ist zwar nachts schon sehr kalt, aber der Weg zum Fluß ist jetzt wohl noch gut begehbar."

Ben kam in den Hof geritten, als Johanna noch ihre Stute putzte. Sameda galoppierte sofort auf Pinia zu, die Grauschimmelstute, die Ben ritt. Sie begrüßte das Fohlen freundlich. Obwohl Samedas Fell nun länger und dichter geworden war, schimmerte es noch immer goldrot in der Sonne. Das Fohlen machte einen übermütigen Bocksprung und rannte zu Biba zurück.

Ben stieg ab und begrüßte Johanna zärtlich. Sie löste sich sanft aus seinen Armen. „Was hast du in deinen Satteltaschen?" fragte sie, als ihr Blick auf Pinia fiel.

„Eine Überraschung für dich", erklärte Ben. „Ich habe ein kleines Picknick für uns mitgebracht. Ich dachte, wir könnten am Flußufer ein Feuer machen und grillen."

Johanna umarmte Ben überschwenglich. „Du bist einfach toll", rief sie.

„Es ist wahrscheinlich das letzte Picknick in diesem Jahr", sagte Ben. „Ich weiß, daß du viel Arbeit mit den Pferden hast, da wollte ich nicht, daß du auch noch etwas zu essen vorbereitest."

„Prima von dir", sagte Johanna. Bald war Biba gesattelt, und Johanna und Ben ritten nebeneinander aus dem Tor. Die Sonne schien noch warm, aber der Wind kam von den Bergen und war schon sehr kalt. Der Salbei auf der weiten Hochebene war bereits trocken. Ein schwarzglänzender Rabe glitt hoch im Blau des Himmels dahin, der Vogel krächzte rauh. Der Wind rötete Johannas Wangen. „Komm, laß uns galoppieren", rief sie, „damit uns warm wird!"

Johanna hielt Biba zurück, denn sie wußte, daß Pinia mit ihrer schwarzen Stute nicht Schritt halten konnte. So flogen sie Kopf an Kopf dahin. Johanna schloß für einen Moment die Augen. Immer wieder begeisterte sie die unvergleichliche Leichtigkeit, mit der Biba sich bewegte. Ihre Zügel hingen locker durch, denn Biba reagierte sofort auf die kleinsten Zeichen ihrer gebißlosen Zäumung. Johanna warf die Arme hoch und stieß einen begeisterten Schrei aus.

Erst kurz vor dem Cañon parierten sie ihre Pferde

zum Schritt durch. Sameda schoß übermütig an ihnen vorbei. Sie raste geradewegs auf den Abgrund zu.

„Sameda!" rief Johanna schrill. Ihre Augen wurden weit vor Schreck. Doch da kam das Fohlen in einer Staubwolke dicht vor dem Abgrund zum Stehen.

„Meine Güte, ich bin so erschrocken", stammelte Johanna. „Ich hatte solche Angst, daß sie nicht mehr rechtzeitig bremsen könnte..."

Ben drängte seine Stute nahe an Biba heran und legte den Arm beruhigend um Johanna. „Du bist ganz blaß geworden!" sagte er ernst. „Es ist doch gar nichts passiert. Sameda weiß schon, wie sie Entfernungen einschätzen muß!"

„Nein, das weiß sie eben noch nicht", erwiderte Johanna heftig. „Sie hat noch nicht genug Erfahrung dafür!"

Der Weg in die Schlucht hinunter war so schmal, daß sie jetzt hintereinander reiten mußten. Der Boden war noch nicht gefroren, und die Pferde suchten sich ihren Weg durch Geröll und Schotter. Ab und zu fiel ein losgetretener Stein mit dumpfem Poltern in die Tiefe. Johanna vertraute Bibas Trittsicherheit, aber sie sorgte sich um Sameda, wenn sie einen Blick in die schwindelnde Tiefe unter ihnen warf. Sie erinnerte sich an Annabells Worte: „Sieh der Gefahr ins Auge und überwinde deine Angst."

Johanna holte tief Luft. Sie würde trotzdem sehr

vorsichtig sein. Es war nun auch nicht mehr weit bis zum Fluß. Ben und Johanna stiegen ab. „Die Erlen haben im Herbst so schöne Blätter“, sagte das Mädchen und deutete auf die schlanken Bäume, deren Laub in der Sonne silbern flimmerte.

„Ja“, nickte Ben, „hier ist ein guter Platz für unser Picknick! Findest du nicht?“

Ben sammelte Holz, und bald brannte ein Feuer. Johanna führte inzwischen die Pferde zum Fluß, damit sie trinken konnten. Der Rio Grande führte nach dem trockenen Sommer noch immer erstaunlich viel Wasser. Johanna sah an den roten Felsen hinauf zum Himmel: Tiefblau und wolkenlos bildete er einen prächtigen Kontrast zu den rötlichen Felsen. Da fiel ihr Blick auf den Boden. Im Uferschlamm konnte sie deutlich die Spuren eines Kojoten erkennen. Ein besonders großer Pfotenabdruck war mit schwarzen Algen gefüllt. Johanna lief ein Schauer über den Rücken. Sobald die Pferde getrunken hatten, ging sie schnell mit den Tieren zu Ben zurück.

Johanna strich Kudjo gedankenverloren über den Kopf. Die Gegenwart des riesigen Wolfes beruhigte sie immer. Biba und Pinia suchten nach etwas Gras zwischen den Steinen. Johanna hatte sich neben dem Feuer ausgestreckt. Bens Fleischspieße begannen verlockend zu duften. Sameda tollte übermütig umher. Sie galoppierte am Ufer des Flusses auf und ab und machte wilde Luftsprünge. Plötzlich raste sie auf den Fluß zu und sprang mit einem riesigen Satz ins Wasser.

„Schau dir nur dieses verrückte Fohlen an!“ rief Johanna beunruhigt. Sameda planschte im Wasser herum und machte einen Bocksprung nach dem anderen.

„Ben!“ schrie Johanna auf einmal entsetzt. „Sameda! Sieh nur! Sie muß in einen Strudel geraten sein!“

Schon rannten Ben und Johanna, so schnell sie konnten, zum Fluß. Johanna spürte, wie die Panik ihr die Kehle zuschnürte. Ihre Beine fühlten sich bleischwer an. Sie konnte keinen klaren Gedanken fassen und fühlte sich vor Angst wie gelähmt. Mit einem Mal verstand sie die Worte der alten Annabell: Sie durfte sich nicht von ihrer Angst beherrschen und handlungsunfähig machen lassen. Sie begriff, daß sie ihre Angst überwinden mußte, wenn sie Sameda helfen wollte. Sie spürte eine wilde Entschlossenheit in sich aufsteigen: Sie würde um Sameda kämpfen! Sie würde alles tun, was in ihrer Macht stand, um das Leben ihres Fohlens zu retten!

Da fiel die Angst ganz langsam von ihr ab. Johanna sprang, ohne zu zögern, in den Fluß. Sie sah Samedas Kopf immer wieder in einem Strudel untergehen. Die Augen des Fohlens waren weit aufgerissen, und Johanna wußte, daß Sameda Todesangst hatte.

„Wir müssen ihr Halfter greifen!“ keuchte Ben neben ihr. Sie waren nun fast bis zum Bauch im Wasser. Jo-

spannend,
ig, ergrei-
d oder
rmativ -
findet ihr
e Lieblings-
chichten
Pferden
Ponys!

Diesen Prospekt könnt Ihr aus dem Buch herausnehmen, ohne daß das Buch beschädigt wird.

Christine Pullein-Thompson
Pferdehof Zum Schwarzen Pony
Prinz bleibt bei uns (Bd.4)
Bronco, ein schöner Wallach, bekommt nach überraschenden Ereignissen seinen richtigen Namen: Prinz!
DM 8,95/ÖS 69,- Best.-Nr.: 9909
Diese Serie umfaßt 4 Bände, sie wird fortgesetzt.

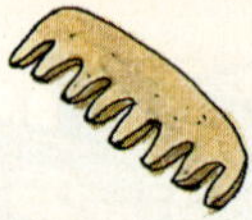

Andrea Pabel
Das Wildpferd aus den roten Bergen
Talio soll frei sein (Bd.4)
Der kleine Talio, ein mutterloses Fohlen aus den mexikanischen Bergen, wird von Johanna mit nach Hause genommen und aufgezogen. Aber das Mädchen muß einsehen: der junge Hengst kann nur in der Freiheit der Berge leben!
DM 8,95/ÖS 69,- Best.-Nr.: 4041
Die Serie umfaßt 6 Bände, sie wird fortgesetzt.

Thea Oljelund
Polly sucht das verschwundene Pferd (Bd. 6)
Timo und Polly wissen, daß der schöne Rapphengst Satan ganz sanft ist. Aber jetzt ist Satan in Gefahr, er braucht Hilfe. Dunkle Geschäfte am Rande einer schwedischen Trabrennbahn werden aufgeklärt.
DM 7,95/ÖS 65,- Best.-Nr.: 9866
Diese Serie umfaßt 6 Bände.

Lisbeth Pahnke
Britta muß sich entscheiden
(Band 11)
In dieser Serie erfährt man viel über die Haltung und Pflege von Pferden. Die junge Reitlehrerin Britta liebt ihre Pferde in der schwedischen Reitschule, sie tut alles für sie.
DM 8,95/ÖS 69,- Best.-Nr.: 8215
Diese Serie umfaßt 11 Bände.

Ursula Isbel
Reiterhof Dreililien (Bd.9)
Unter dem Frühlingsmond
Nell sehnt den Frühling herbei! Endlich grasen Dreililiens Stuten mit ihren Fohlen wieder auf den grünen Weiden. Wie jeder Frühling bringt auch dieser stürmische Tage ...
DM 9,80/ÖS 79,- Best.-Nr.: 9864
Diese Serie umfaßt 9 Bände.

Lise Gast
Pferdeglück
Drei ergreifende Romane aus der Feder einer der bekanntesten Autorinnen von Pferdegeschichten.
DM 10,-/ÖS 79,- Best.-Nr.: 4169

Rosemarie von Schach
Der Sommer der silbernen Stute
Die silberweiße Stute Jilka ist das schönste Tier, das je in der Dülmener Wildpferdherde gelebt hat. Tapfer erträgt sie Entbehrungen und Verfolgung und wird schließlich zum Leittier der Herde - bis sich ihr Schicksal erfüllt. DM 16,80/ ÖS 129,- Pferderoman, Leinen mit Schutz-umschlag. Best.-Nr.: 4073

Glenn Balch
King, König der wilden Pferde
King, ein prachtvoller schwarzer Hengst, lebt mit seiner Herde in den rauhen Tälern des amerikanischen Westens. Mit seiner Intelligenz und Wachsamkeit schützt der tapfere Hengst seine Stuten und Fohlen, bis er selbst in Gefahr gerät, seine Freiheit zu verlieren. DM 16,80/ÖS 129,- Pferderoman, Leinen mit Schutzumschlag. Best.-Nr.: 9932

Tina Caspari
Das rote Fohlen
Die versunkene Welt eines großen ostpreußischen Gestüts wird in dieser Pferdegeschichte wieder lebendig.
DM 9,80/ÖS 79,- Best.-Nr.: 9615

Diana Pullein-Thompson
Ein Pony namens Cassidy
Das braune Pony Cassidy ist verschwunden. Ein Mädchen aber ist fest entschlossen, das Tier zu suchen und ihm zu helfen.
DM 9,80/ÖS 79,- Best.-Nr.: 9607

Lynn Hall
Das weiße Pony
Addie fühlt sich einsam. Eines Tages beobachtet das Mädchen ein weißes Pony auf der Koppel, das sie aufsitzen läßt und zu einer alten Frau bringt. Es entsteht eine Freundschaft, die beider Leben verändert.
DM 7,95/ÖS 65,- Best.-Nr. 9939

Sieglinde Dick
Ich liebe alle Pferde
Gerlinde reitet seit ihrer Kindheit. Ihr Ziel ist, einmal Reitlehrerin oder gar Jockey zu werden. Durch ein dramatisches Ereignis erkennt Gerlinde, daß Wohlergehen und die richtige Versorgung der Tiere wichtiger sind als alle Turniersiege. DM 16,80/ÖS 129-, Pferderoman, Leinen mit Schutzumschlag. Best.-Nr.: 9865

Marion Coakes und Gillian Hirst
Das Pferd, das nur für Susan sprang
Ein Wunschbuch für pferdebegeisterte Mädchen! Nur mit Liebe und viel Geduld gelingt es Susan, den schönen Palomino Sea-Blond zu einem begabten Springpferd zu trainieren. Eine tiefe Freundschaft entsteht. DM 16,80/ÖS 129,- Pferderoman, Leinen mit Schutzumschlag. Best.-Nr.: 9943

Joyce Stranger
Das Glückszeichen
Die Geschichte eines schicksalhaften Rittes. Raoul, entmachteter Herrscher eines kleinen arabischen Königreiches, zieht mit zwei edlen Pferden nach Wales. Beide Pferde, ein Hengst und eine edle Stute, tragen besondere Glückszeichen unter ihren seidigen Mähnen. Als dem Dorf eine Sturmflut droht und die Menschen Hilfe brauchen, kann nur der Hengst Mahruss den gefahrvollen Weg durch die Berge finden. DM 14,80/ÖS 119,- Pferderoman, Leinen mit Schutzumschlag. Best.-Nr.: 9878

Inge Rösener
Steffi auf dem Reiterhof (SaBa)
Drei schöne, ungekürzte Geschich-en um Steffi und einen Reiterhof.
DM 10,-/ÖS 79,- Best.-Nr.: 4070

Lisbeth Pahnke
Britta (SaBa 2)
Es ist Brittas Traum, Reitlehrerin zu werden. Nach der Schulzeit bekommt sie die Möglichkeit zur Ausbildung.
DM 19,80/ÖS 149,-
Best.-Nr.: 7802

Lisbeth Pahnke
Britta (SaBa 1)
Britta ist begeistert von dem schönen Pferd Silber. Sie möchte gern mit ihm Siege auf Turnieren erringen. Manchmal werden Träume wahr. Auch für Britta?
DM 19,80/ÖS 149,-
Best.-Nr.: 7765

Tina Caspari
Bille und Zottel (SaBa 2)
Billes Pony sorgt ständig für neue Überraschungen. Aber Zottel ist nicht nur lustig und übermütig. Wenn es darauf ankommt, bewahrt er seine Freundin Bille vor Gefahren und hilft ihr in schwierigen Situationen.
DM 19,80/ÖS 149,-
Best.-Nr.:8181

Tina Caspari
Bille und Zottel (SaBa 3)
Ein weiterer Sammelband mit spannenden Geschichten von Bille und ihrem Pony Zottel.
DM 19,80/ÖS 149,-
Best.-Nr.: 9929

Tina Caspari
Bille und Zottel (SaBa 4)
In drei ungekürzten Einzelbänden werden neue aufregende Geschichten von Pferdefreunden, Reitspaß und lustigen Abenteuern erzählt.
DM 19,80/ÖS 149,-
Best.-Nr.: 4122

Tina Caspari
Bille und Zottel (SaBa 1)
Bille und ihr geschecktes Pony Zottel können sich aufeinander verlassen. Bille liebt Zottel über alles, obwohl sie manchmal ihre liebe Not mit ihm hat. Zottel ist nämlich ein ehemaliges Zirkuspferd, und wenn er Musik hört, fängt er an zu tanzen. DM 19,80/ÖS 149,- Best.-Nr.: 7932

Tina Caspari
Bille und Zottel (Gesamtausgabe)
In besonders schöner Ausstattung: 13 Einzelbände ungekürzt in einem Sammelband.
DM 29,80/ÖS 239,-
Best.-Nr: 4175

Walter Farley
Blitz (Gesamtausgabe)
Alle 12 legendären Blitz-Bände in einem großartigen Sammelband.
DM 29,80/ÖS 239,-
Best.-Nr.: 4148

Kerstin Backman **Sofie (SaBa 1)**
Geschichten um Sofie und die Stute Sabrina, Sofies Angst um ein Pferd und aufregende Erlebnisse.
DM 19,80/ÖS 149,-
Best.-Nr.: 9926

Ursula Isbel
Reiterhof Dreililien (SaBa)
Dieser Sammelband enthält die ungekürzten Bände: • Das Glück dieser Erde • Die Tage der Rosen • Der Frühling des Lebens
DM 19,80/ÖS 149,-
Best.-Nr.: 4079

Tulla Hagström
Petra (SaBa 1)
Die schönsten Geschichten von Petra und ihrem geliebten Pferd.
DM 19,80/ÖS 149,-
Best.-Nr.: 9930

Monica Alm
Kiki (SaBa)
Alle Abenteuer Kikis und ihrer Pferdefreunde als Sammelband.
DM 19,80/ÖS 149,-
Best.-Nr.: 9925

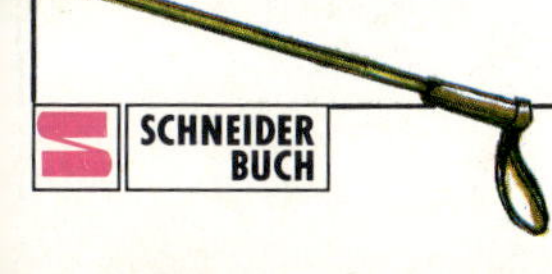

Unsere Welt erkennen
Der Reiterhof
Ein Buch zum Betrachten, Benennen, Fragen, Entdecken ... Die vielfältigen Tätigkeiten auf einem Reiterhof sind lebendig dargestellt: als Sachbilderbuch, als Poster und als Spiel.
DM 9,80/ÖS 79,-
Best.-Nr.: 9835

Ursula Bruns/Marlit Hoffmann
Pferde - meine große Liebe
Ein praktischer Ratgeber für pferdebegeisterte Mädchen und ihre Eltern beantwortet viele Fragen zum Thema Pferde und Reiten.
DM 9,80/ÖS 79,-
Best.-Nr.: 9902

Pferde-Kalender 1990
Unentbehrlich für jeden Pferdefreund: informativ und unterhaltend. Paßt in jede "Satteltasche".
DM 8,95/ÖS 69,- Best.-Nr.:9880

Pferdetagebuch
Über die geliebten Vierbeiner gibt es immer etwas zu berichten. In diesem hübsch illustrierten Tagebuch kannst du alle deine Erlebnisse festhalten.
DM 9,80/ÖS 79,-
Best.-Nr.: 9791

Edel Marzinek-Späth
Pferde A-Z
In einem Lexikon mit über 850 Stichwörtern, über 150 Zeichnungen und mehr als 190 Fotos erklärt die Autorin, die sich seit ihrer Kindheit mit Pferden beschäftigt, viele Dinge, die Reiter wissen sollten. Das Wichtigste über Rassen, Aufzucht, Haltung, Pflege und viel Wissenswertes und Interessantes.
DM 24,80/ÖS 199,-
Best.-Nr.: 9750

Kartengrüße
Für Pferdefreunde gibt es 16 farbige Postkarten: zum Sammeln, Verschicken, Freuen und Verschenken.
DM 7,95/ÖS 65,-
Best.-Nr.: 9814

SCHNEIDER BUCH

hanna spürte den Sog des Strudels. Samedas Kopf tauchte plötzlich knapp vor Ben auf. Obwohl er schnell zufaßte, bekam er das Halfter nicht zu fassen. „Wir müssen schnell etwas tun, sie hat nicht mehr viel Kraft!"

„Ich springe zu ihr in den Strudel", rief Johanna entschlossen. „Ich kann sie rausziehen, wenn ich genug Schwung habe!"

„Nein!" schrie Ben. „Das ist zu gefährlich!"

In diesem Moment tauchte der Kopf des Fohlens wieder auf. Johanna sprang. Ben sah, wie sie mit großer Wucht an den Hals des Fohlens prallte. Dann versanken das Mädchen und ihr Fohlen in den wirbelnden Strudeln des Flusses.

Sekunden später tauchten sie außerhalb des Strudels wieder auf. Johanna hielt den Hals des Fohlens umklammert und zog es an der Mähne mit sich. Dann ließ sie den Hals los und griff in Samedas Halfter. Nach ein paar mühsamen Schwimmzügen spürte sie Boden unter den Füßen: Nun war auch Ben da und half ihr, das erschöpfte Fohlen ans Ufer zu ziehen. Sameda stolperte, aber sie konnte stehen. Das Fohlen keuchte, dann schüttelte es sich lange wie ein nasser Hund. Ben und Johanna fielen sich in die Arme.

„Ich hatte solche Angst um dich", flüsterte Ben. „Gott sei Dank, dir ist nichts passiert!"

„Ich konnte Sameda doch nicht einfach ertrinken las-

7 4307-8

sen. Ich *mußte* ihr helfen!"

„Du bist ganz schön mutig", sagte Ben ernst. „Aber du zitterst ja! Sicher ist dir schrecklich kalt."

„Ja", sagte Johanna, „aber es ist nicht so schlimm. Laß uns zuerst Sameda trockenreiben, damit sie nicht krank wird."

Ben zog seinen Anorak aus. „Ich reibe Sameda trokken", rief er. „Lauf schnell zum Feuer und wärm dich auf! Wickle dich in die Picknickdecke! Du sollst schließlich nicht krank werden!"

Biba war schon während der Rettungsaktion ans Ufer gekommen. Nun leckte sie ihr Fohlen sorgfältig. Ben rieb das Kleine auf der anderen Seite mit seinem Anorak ab.

Dann kam Johanna, in die Decke gewickelt, vom Feuer zurück.

„Sameda geht es gut", sagte Ben zuversichtlich. „Sie hat sogar schon getrunken, und ihre Haut wird warm!"

„Ich bin so froh, daß sie nicht ertrunken ist", sagte Johanna leise. „Wir sollten schnell nach Hause reiten", schlug sie vor. „Mir ist wirklich kalt, und Sameda sollte in Bewegung bleiben."

In Windeseile packten sie alles zusammen und sattelten auf. Sie ritten aus dem Cañon, so schnell es das unwegsame Gelände erlaubte. Johanna fror in ihren nassen Kleidern. Ben beobachtete sie besorgt. Den ganzen Heimweg über trabten und galoppierten sie, wobei sie stets darauf achteten, daß Sameda leicht Schritt halten konnte. Endlich waren sie auf Johnsons Farm angelangt. Johanna glitt erschöpft aus dem Sattel. Ben nahm ihr die Zügel aus der Hand. „Tu mir einen Gefallen, Johanna“, sagte er. „Geh jetzt sofort ins Haus und nimm ein heißes Bad. Jill leiht dir bestimmt trockene Kleider.“

Johanna schüttelte eigensinnig den Kopf. „Nicht, ehe Sameda nicht versorgt ist“, sagte sie.

„Ich bringe Sameda in den Stall und reibe sie noch mal ab“, versprach Ben. „Du hast alles getan, was du für sie tun konntest. Laß dir von mir helfen! Du mußt jetzt auf dich selbst achtgeben, damit du nicht krank wirst“, fuhr er beschwörend fort. Schließlich gab Johanna nach und lief ins Haus.

„Meine Güte, was ist denn passiert?“ rief Jill, als sie Johanna, zitternd vor Kälte, vor sich stehen sah. Während das Badewasser lief, erzählte Johanna Jill, wie sich alles zugetragen hatte.

„Kannst du bitte Onkel Harvey für mich anrufen?“ bat sie die Freundin. „Ich möchte, daß er kommt und sich Sameda ansieht.“

„Natürlich werde ich ihn sofort anrufen“, meinte Jill. „Danach mache ich dir etwas Heißes zu trinken und bringe auch Ben einen Grog in den Stall.“

„Vielen Dank, Jill“, murmelte Johanna. Dann schloß sie die Augen. Erst jetzt spürte sie, wie erschöpft sie war. Sie genoß die Wärme und spürte, wie nach und nach die Kälte aus ihrem Körper wich. Erst als sie ganz warm war, stieg sie aus der Wanne und rieb sich trocken. Sie schlüpfte in die Kleider, die Jill für sie zurechtgelegt hatte, und fönte ihre Haare. Dann rannte sie zum Stall hinunter.

Sameda lag im Stroh; sie schien erschöpft zu sein, war aber ganz trocken und sah nicht krank aus. „Ich hoffe, sie ist mit dem Schrecken davongekommen", sagte Ben.

„Harvey wird bald hier sein", sagte Johanna. Sie sah Ben an. „Danke, daß du die Pferde für mich versorgt hast", sagte sie. „Nun solltest du aber auch ins Haus gehen! Wärm dich auf und leih dir trockene Sachen von Max. Ich bleibe bei Sameda, bis Harvey hier ist."

Ben küßte Johanna zärtlich. „Ich bin gleich wieder da", sagte er und strich ihr übers Haar.

Es dauerte nicht lange, bis Johanna das Motorengeräusch von Harveys Wagen im Hof hörte. Kurz darauf kniete der alte Indianer neben Sameda im Stroh. Er ließ sich von Johanna genau beschreiben, was geschehen war. Seine Hände fuhren behutsam über den Körper des Fohlens. Er sah in ihre Augen, fühlte die Temperatur ihres Mauls und rieb die Spitzen ihrer Ohren. Dann lehnte er sich an die Stallwand und sah Johanna an.

„Es geht ihr gut", sagte er. „Sie leidet noch ein wenig

unter dem Schock, aber das ist alles, glaube ich. Du kannst ihr helfen, indem du weiter die Spitzen der Innenseiten ihrer Ohren reibst. Das hilft Pferden, die sich überanstrengt haben, eine Kolik bekommen oder im Schock sind, sich schnell zu erholen." Harvey schwieg einen Moment. „Du hast viel gelernt", sagte er ernst. „Du hast gelernt, dich nicht deiner Angst zu ergeben, sondern sie zu überwinden. Dadurch hast du deine Stärke und deinen Mut kennengelernt. Trotzdem hast du dich nicht blind in Gefahr begeben, sondern besonnen und entschlossen gehandelt. Ich bin zufrieden mit dir."

„Ich konnte doch gar nichts anderes tun", sagte Johanna einfach.

„O doch", erklärte Harvey, „du hättest dich von der Angst überwältigen lassen können. Dann hättest du starr vor Schrecken am Ufer gestanden, unfähig zu handeln. Angst lähmt und hindert uns am Handeln. Das macht sie so gefährlich. Oder du hättest es Ben überlassen können, Sameda zu retten. In beiden Fällen wärst du in der Angst steckengeblieben und hättest nichts aus der Gefahr gelernt."

„Was wäre dann passiert?"

„Die Gefahr ist ein geduldiger Lehrer." Harvey lächelte. „Sie wäre wieder gekommen, in anderer Gestalt, mit neuen Gesichtern. So lange, bis du ihre Herausforderung angenommen hättest, deine Angst loszulassen, um deine Stärke und deinen Mut zu finden. Du hast schnell gelernt. Es ist gut."

Johanna rieb die Ohren ihres Fohlens. Sie spürte Zuversicht und Ruhe in sich, die ihr neu waren.

„Nun, da du deinen Mut und deine Stärke gefunden hast, werden sie deine Verbündeten sein. Sie werden für dich da sein, wenn du sie brauchst. Du hast durch Sameda gelernt, deine Angst loszulassen. Nun wirst du ihr helfen müssen, *ihre* Angst zu überwinden."

„Wovor wird sie sich fürchten?" fragte Johanna.

„Sie wird nach diesem Erlebnis Angst vor Wasser haben", erklärte Harvey. „Mit deiner Hilfe wird sie sie aber überwinden lernen."

Harvey sollte recht behalten. Sameda hatte ihr Selbstvertrauen verloren, sie war nicht mehr sehr unternehmungslustig. Um jede Pfütze machte sie einen großen Bogen. Bei einem Ausritt wollte Johanna durch einen flachen Bach reiten, aber das Fohlen wagte sich nicht ins Wasser. Schrill wiehernd rannte die kleine Stute am Ufer auf und ab; in ihren Augen sah Johanna die gleiche Angst und Panik, die das Fohlen gefühlt hatte, als es im Strudel gefangen gewesen war.

Noch am gleichen Abend rief Johanna Bernice an.

„Dein Fohlen hat jetzt Angst vor Wasser?" rief die alte Dame. „Das ist nach ihrem schrecklichen Erlebnis nur verständlich. Du glaubst gar nicht, wie viele Pferde ungern ins Wasser gehen."

„Was kann ich tun, damit sie ihre Angst verliert?" fragte Johanna bedrückt.

„Das ist gar nicht so schwer", erklärte Bernice zuversichtlich. „Wir können uns morgen nachmittag bei den Pferden treffen. Dann zeige ich dir, wie du mit ihr üben kannst."

Als Johanna am nächsten Morgen erwachte, war es merkwürdig still draußen. Sie stand auf und lief zum Fenster. „Der erste Schnee!" rief sie aufgeregt. Johanna liebte Schnee, und der erste Schnee hatte immer einen besonderen Zauber für sie. Eine dichte, weiße Decke hatte sich über die rote Erde gebreitet. Die Zweige bogen sich schwer unter der Last des Schnees, die geschwungenen Wände der Adobehäuser trugen weiße Mützen. Johanna blickte zu den Bergen hinüber. Sie wußte, daß dort schon viel früher Schnee gefallen war, der jetzt schon höher war als in der Ebene. Wie mochte es den Wildpferden gehen? Johanna dachte an all die Fohlen in Samedas Alter und an ihre Mütter. Hoffentlich finden sie genug Futter, dachte sie besorgt.

„Sameda ist eins der schönsten Fohlen, das ich je gesehen habe", sagte Bernice, als sie sich bei der Koppel trafen. „Ich will dir jetzt erklären, wie ich mit Pferden umgehe, die sich vor Wasser fürchten. Wichtig ist, daß man sie zu nichts zwingt. Das Pferd soll lernen, keine Angst mehr zu haben – und Lernen kann man nicht erzwingen. Also, laß dir und dem Tier Zeit!"

„Natürlich würde ich Sameda nie dazu zwingen, durchs Wasser zu gehen", sagte Johanna. „Der Hufschmied sagte, ich solle sie doch einfach an den Sattel binden und mit durchs Wasser ziehen, dann würde sie auch von selbst wieder hineingehen. Aber das möchte ich auf keinen Fall tun!"

„Es ist auch gar nicht nötig", erklärte Bernice. „Sameda muß vor allem ihr Selbstvertrauen wiederfinden. Sie soll kein ängstliches unsicheres Pferd werden, sondern sich selbst gut einschätzen können und Vertrauen zu sich haben. Als erstes kannst du mit ihr üben, über Stangen zu gehen. Dabei ist es wichtig, daß sie nicht hastet oder eilt. Halte sie vor der Stange an. Nun soll sie den Kopf senken und sich die Stange anschauen. Erst dann fordere sie auf, Schritt für Schritt über die Stange zu gehen!"

„Was hat eine Stange mit ihrer Scheu vorm Wasser zu tun?" wollte Johanna wissen.

„Zunächst nicht viel", antwortete Bernice, „und das ist gut so. Wenn wir Sameda jetzt schon mit Wasser konfrontierten, würde es ihr das Lernen nur erschweren, es wäre noch zuviel für sie. Sameda soll lernen, sich langsam mit neuen, ungewohnten Situationen vertraut zu machen. Du kannst ihr beibringen, auf dein Signal hin immer nur einen Schritt weit vorwärts zu gehen. Wenn sie das einmal beim Gehen über Stangen gelernt hat, können wir die Aufgabe etwas schwieriger machen: Zwischen zwei Stangen legen wir eine klare Plastikfolie. Nun kennt sie die Stangen, aber die Folie ist ihr neu. Sie hat schon gelernt, wie hoch die Stangen sind, und wie hoch sie ihre Hufe heben muß.

„Die Folie könnte sie aber ans Wasser erinnern", gab Johanna zu bedenken.

„Das stimmt, aber wir kombinieren es nun mit etwas Vertrautem, vor dem Sameda keine Angst hat. Sie wird lernen, dich zu imitieren. Wenn du einen Schritt machst, wird auch sie einen Schritt machen. Du wirst sehen, es wird nicht lange dauern, bis sie ohne Angst über die Plastikfolie marschiert, so als sei das die selbstverständlichste Sache der Welt. Erst dann kannst du mit einer Gießkanne etwas Wasser auf die Folie gießen."

Johanna nickte. „Ich verstehe", sagte sie. „Das ist sehr klug. Du nimmst das, wovor sie Angst hat, und zerlegst es in verschiedene Einzelteile, die für das Fohlen leichter zu verstehen sind, als die gesamte Aufgabe auf einmal zu lösen!"

„Stimmt", bestätigte Bernice. „So überfordere ich mein Pferd nicht. Es hat das Gefühl, erfolgreich zu sein, weil es das tun kann, was ich von ihm verlange.

Dadurch gewinnt es an Selbstbewußtsein. Wenn Sameda nun einmal über die Folie mit ein paar Tropfen Wasser gegangen ist, kannst du zwei Stangen querlegen und so ein Becken bilden. Langsam kannst du dann immer mehr Wasser hineingießen. Aber erst wenn Sameda völlig angstfrei vorwärts, rückwärts und seitwärts durch das Becken geht, ist es an der Zeit, zu einem seichten Bach zu reiten. Du wirst sehen, es wird ihr nach dieser Vorbereitung keine Schwierigkeiten mehr bereiten, Biba durch den Bach zu folgen."

„Das klingt gut", sagte Johanna zufrieden. Sie zog Sameda das Halfter an. „Im Hof liegen ein paar Stangen, mit denen sollen wir doch anfangen, ja?"

Bernice nickte. „Und das wird für heute genug sein. Wichtig ist, ganz langsam vorzugehen und viel Geduld zu haben."

Johanna führte Sameda in den Hof. Bernice legte eine Stange für sie bereit. „Führe sie langsam an die Stange heran und halte sie kurz davor an", erklärte sie.

Sameda blieb gehorsam stehen. „Klopfe mit der Gerte auf das Holz und beuge dich selbst hinunter, während du ein wenig am Führstrick nach unten ziehst."

Das Geräusch schien Sameda zu interessieren, sie senkte den Kopf und besah sich die Stange genau.

„Nun mach selbst einen Schritt und hebe dein Bein sehr hoch", sagte Bernice weiter. „Sameda wird es dir nachmachen. Falls sie doch mit dem Huf an die Stange stößt, wird sie vor dem Geräusch nicht erschrecken, weil du ja schon mit der Gerte daran geklopft hast und sie das Geräusch kennt."

Johanna hob ihr Bein sehr hoch und machte einen Schritt über die Stange. Dann forderte sie Sameda zum Gehen auf. Das Fohlen zögerte einen Augenblick. Dann folgte sie Johannas Beispiel und hob ihre Hufe höher als gewöhnlich, um über die Stangen zu gehen.

„Halt sie gleich hinter der Stange an und lobe sie", sagte Bernice. „Es ist wichtig, daß sie sich nicht angewöhnt, über ihr ungewohnte Dinge hinwegzueilen."

Johanna lobte ihr Fohlen ausgiebig. Dann ging sie in einem kleinen Bogen zur Stange zurück und wiederholte die Übung. Diesmal war Sameda schon sicherer. Sie konnte besser einschätzen, wie hoch sie ihre Hufe heben mußte, und ging gelassener.

„Sehr gut", rief Bernice. „Das Ziel ist, daß Sameda entspannt und mit tiefem Kopf über die Stange geht und jederzeit anhalten oder auch rückwärts gehen kann. Das verlangt viel Selbstbeherrschung und Koordinationsvermögen von dem Pferd. Lege erst neue Stangen hinzu, wenn sie wirklich sicher und gelassen über eine Stange gehen kann."

Nur einmal erschrak Sameda, als sie mit beiden Hinterhufen zugleich die Stange berührte. Sie machte einen schnellen Satz vorwärts. Aber mit Johannas Hilfe beruhigte sie sich bald wieder. Das Mädchen ging mit ihr weiter über die Stange, bis Sameda ihre Sicherheit wiedergefunden hatte.

„Das reicht für heute“, erklärte Bernice endlich. „Es ist gut, mit einem Erfolgserlebnis für das Fohlen aufzuhören.“

Sameda besiegt ihre Angst

Von nun an übte Johanna regelmäßig mit dem goldroten Fohlen. Zuerst wiederholte sie, was Sameda bereits gelernt hatte. Das Fohlen ging aufmerksam auf die Stange zu. Das kleine Pferd folgte Johannas Signal und blieb stehen.

„Schau dir die Stange genau an“, erklärte Johanna ernsthaft. „So kannst du dir alles anschauen, was dir auf einem Ausritt begegnet und dich unsicher macht!“

Sameda senkte den Kopf, und Johanna klopfte mit der Ausbildungsgerte an die Stange, um das Fohlen an das Geräusch zu erinnern. Als sie Sameda dann aufforderte, zu gehen, tat das Fohlen es ruhig und ohne das geringste Anzeichen von Angst oder Nervosität.

„Sehr gut“, lobte Johanna. „Nun wollen wir sehen, wie du lernen kannst, nur einen Schritt auf einmal zu machen.“ Sie hielt das Fohlen an. „Das ist etwas Neues“, erklärte sie dem jungen Pferd.

Johanna schaute, in welcher Schrittfolge das Fohlen stehengeblieben war, und welches Vorderbein es infolgedessen als nächstes bewegen würde. Sie sah, daß Sameda mit dem rechten Vorderhuf den nächsten Schritt tun würde. Also machte sie mit dem rechten Bein einen Schritt. „Siehst du, Sameda, nur einen Schritt sollst du machen, genau wie ich“, wies sie das Fohlen an. Johanna tippte von hinten an das rechte Vorderbein des Tieres und zupfte am Führstrick. Sobald Sameda einen Schritt getan hatte, hielt Johanna sie wieder an und lobte sie. „Das waren zwar zwei Schritte zuviel, aber bald wirst du verstehen, worum es geht.“

Und wirklich: Es dauerte nicht lange, bis Sameda das Kommando „Einen Schritt“ kannte und Johannas Schritte nachahmte. Johanna war zufrieden. „Du bist so klug“, lobte sie das Fohlen. „Morgen legen wir mehrere Stangen dazu, damit es dir nicht zu langweilig wird.“

Ben und Kudjo begleiteten Johanna zu den Pferden. Es war einer der wenigen Tage, an denen graue, schwere Wolken die Berge verdeckten. Es war kalt, als die beiden jungen Leute ihre Schubkarren zum Offenstall schoben, um auszumisten. Der dreiseitig geschlossene Unterstand bot den Pferden Schutz vor Wind und Nässe und hielt ihr Futter trocken. Ben und

Johanna misteten nur den gröbsten Mist aus und streuten dann frisches Stroh darüber. „Das wird eine gute, warme Matratze geben“, meinte Johanna.

„Besonders die Fohlen und die alte Rose brauchen einen warmen, trockenen Platz zum Schlafen“, fügte Ben hinzu. Er sah nachdenklich zum Himmel auf. „Es sieht nach Schnee aus“, stellte er fest.

„Wäre schön“, sagte Johanna. „Wir brauchen den Schnee, damit wir im Sommer genügend Wasser haben!“ Rose kam auf Johanna zu und sah sie erwartungsvoll an. „Sie weiß, daß es Zeit für ihr Kraftfutter ist.“ Johanna lächelte.

Sie nahmen Biba, Sameda und Rose mit zum Hof hinauf. Dort führte Johanna die alte Stute in eine Box, damit sie dort ungestört ihr Futter fressen konnte. „Jetzt im Winter kann sie das Gemisch aus Gerste, Mais und etwas Hafer gut gebrauchen“, meinte Johanna.

„Ich finde es gut, wie du dich um die Pferde kümmerst!“ Ben schloß Johanna in die Arme. Nach einer Weile legten sie mehrere Stangen aus. Zuerst führte Johanna Sameda wieder nur über eine Stange und übte kurz, nur einen Schritt zu gehen. Dann legte sie eine zweite Stange dazu. Auch das bereitete dem Fohlen keine Schwierigkeiten. „Nun will ich beide Übungen kombinieren“, erklärte Johanna ihrem Freund.

Sie hielt Sameda vor der ersten Stange an und ließ sie dann nur einen Schritt nach dem anderen tun und jedesmal dazwischen anhalten. „Sie hat viel Selbstkontrolle gelernt“, sagte Ben beeindruckt.

„Es wird ihr helfen, wenn wir die Plastikfolie auslegen“, meinte Johanna. „Eines Tages wird sie dann auch ein zuverlässiges Reitpferd werden, das nicht scheut und durchgeht. Darauf freue ich mich jetzt schon!“ Johanna legte noch mehr Stangen dazu, bis Sameda über fünf Stangen gehen konnte. Es verunsicherte sie schon längst nicht mehr, wenn sie einmal versehentlich mit einem Huf die Stange streifte. „Als nächstes werde ich Rückwärtsrichten mit ihr üben“, sagte Johanna eifrig. „Sie soll lernen, rückwärts über eine Stange zu gehen. Danach werden wir über Stangen traben, und dann sind wir bereit für die Plastikplane!“ sagte sie strahlend. Bernice hat mir das alles gezeigt. Sie ist eine großartige Ausbilderin!“

„Man sieht, wieviel Freude dir die Arbeit mit Sameda macht“, stellte Ben fest.

„Es ist schön, einem Pferd beim Überwinden seiner Angst zu helfen!“ sagte Johanna. „Wenn man richtig mit ihnen umgeht, lernen sie viel schneller und freudiger, als man sich das vorstellt.“

In diesem Moment begann es plötzlich heftig zu schneien. Innerhalb von einer Minute waren Ben, Johanna und Sameda in dichtes Schneegestöber gehüllt. Ein scharfer Wind kam auf und blies ihnen Schneeflocken in die Augen.

„Das Wetter ändert sich hier schlagartig!“ rief Johanna, während sie zum Stall zurückliefen, um Biba und Rose zu holen. „In Deutschland beginnt es allmählich zu schneien, aber hier ist man plötzlich und fast ohne eine Vorwarnung in einem Schneesturm!“

„Es sah doch nach Schnee aus“, lachte Ben. „Hast du nicht gemerkt, wie dunkel der Himmel wurde?“

Sie ließen die Pferde auf die Koppel und brachten Heu und Kraftfutter zum Unterstand. Die Pferde hatten schon Decken aus Schnee auf ihren Rücken, sie drängten in den Offenstall. Bald stand jedes Pferd an seinem Platz und fraß mit Appetit. Johanna und Ben standen bei Biba, Kudjo saß zu ihren Füßen. Johanna hatte sich eng an Ben geschmiegt. Das Kauen der Pferde klang beruhigend, ab und zu schnaubte eines der Tiere zufrieden. Draußen heulte der Wind, das Schneegestöber wurde immer dichter.

„Bei diesem Wetter denke ich immer an El Moro und seine Herde. Sie haben keinen Unterstand und bekommen kein Heu“, sagte Johanna leise. „Hoffentlich überstehen sie es alle!“

„Sie sind es gewöhnt“, sagte Ben. „Ihnen bietet der dichte Wald Schutz, und sie wissen, wo sie etwas zu fressen finden … wenn es auch sicher nicht so gut wie dieses Heu ist!“ Er küßte Johanna. „Komm, laß uns einen Kaffee trinken gehen“, schlug er vor, „sonst gefrieren meine Zehen zu Eis!“

In den nächsten Tagen lernte Sameda, rückwärts zu gehen. Bald ging sie rückwärts über die Stangen, ohne anzustoßen oder unruhig zu werden. Johanna war mit ihren Fortschritten sehr zufrieden. „Morgen können wir die Folie zwischen die Stangen legen", meinte sie, als sie Sameda wieder auf die Weide brachte.

Der Schnee war liegengeblieben. Johanna strich Sameda über das dichte Winterfell. Mira kam angaloppiert und forderte Sameda zum Spielen auf. Der Schnee stob nach allen Seiten, als die Fohlen in wildem Galopp über die Koppel preschten.

Betsy und Johanna besorgten nach der Schule eine durchsichtige Plastikfolie. Gleich nach dem Mittagessen machten sie sich auf den Weg zu den Pferden. Während Betsy die Folie zwischen die Stangen legte, holte Johanna Biba und Sameda von der Weide. „Das Material glitzert in der Sonne tatsächlich wie Wasser", meinte Betsy.

„Sameda wird ihre Angst davor bald überwinden", sagte Johanna zuversichtlich. Sie führte das Fohlen langsam an die Stange heran. Als Sameda die Folie sah, schnaubte sie mißtrauisch und blieb stehen.

„Schau es dir gut an und wirf den Kopf nicht so in die Höhe", sagte Johanna.

Als das Fohlen den Kopf tiefer hielt, atmete es ruhiger und begann sich zu entspannen. Nun führte Johanna das Tier Schritt für Schritt an die Stange. Sie

8 4307-8

ließ Sameda zwischen jedem Schritt anhalten. Schließlich standen sie direkt vor der Stange. Johanna machte einen Schritt auf die Plane, damit Sameda sich an das Knistern des Materials gewöhnte. Dann forderte sie das Fohlen auf, einen Schritt auf die Plane zu machen.

Sameda zögerte. Doch dann machte sie es Johanna nach und trat mit einem Fuß auf die Plane. Sofort lobte Johanna das Fohlen. Als sie ihr Zeichen zum Weitergehen gab, zögerte Sameda nicht mehr. Nun stand sie mit allen vier Beinen auf der Plastikfolie. Das Fohlen senkte die Nüstern zum Boden und beroch die Plane neugierig. Dann scharrte sie mit einem Vorderhuf, wie um sich zu vergewissern, daß der Boden nicht unter ihr nachgeben würde. Langsam führte Johanna das kleine Pferd weiter.

„Bernices Methode funktioniert tatsächlich!" rief sie, nachdem sie Sameda ein zweites Mal über die Plane geführt hatte.

Betsy lachte. „Du hast doch nicht etwa daran gezweifelt?" fragte sie.

„Nicht wirklich", sagte Johanna", aber es ist doch erstaunlich, wie schnell ein Pferd lernen kann, wenn man die Übungen richtig aufbaut und es zum Denken anregt und dann lobt, anstatt es zu etwas zu zwingen."

„Stimmt", gab Betsy zu. „Ich glaube, der Rest ist nun wirklich ein Kinderspiel, nachdem Sameda vor der Plastikfolie keine Angst mehr hat."

„Vielleicht können wir am nächsten Wochenende schon einen Ausritt zu einem kleinen Bach unternehmen!" überlegte Johanna.

Betsy sah nachdenklich zu den verschneiten Bergen hinüber. „In einer Woche ist Weihnachten", sagte sie. „Wirst du zu Hause mit deiner Familie feiern?"

Johanna nickte. „Klar. Wir feiern Weihnachten am vierundzwanzigsten abends, nicht am Morgen des fünfundzwanzigsten, wie es amerikanischer Brauch ist. Vor der Bescherung gehe ich immer zu den Pferden und bringe ihnen Äpfel, Brot und Rüben, damit sie auch wissen, daß Weihnachten ist. Das haben wir in unserem Stall in Deutschland auch immer gemacht!"

„Eine schöne Idee", sagte Betsy. „Ich würde gern mitkommen!"

„Gut", rief Johanna. „Ben kommt auch, dann können wir ihnen zu dritt ein Weihnachtslied singen!"

Sie lachten

Sameda bemerkte das erste Mal gar nicht, daß Johanna etwas Wasser auf die Plastikfolie gegossen hatte. Erst als sich kleine Pfützen bildeten, blieb sie unsicher stehen. Aber da ihr die Folie und die Stangen vertraut waren und sie wußte, daß sie keine Gefahr für sie bedeuteten, überwand sie ihre Scheu schnell. Bald stapfte sie mutig mit Johanna durch die Wasserlachen auf der Plane. „Siehst du, Kleine, Wasser ist gar nichts Gefährliches, wenn man nicht ausgerechnet kopfüber in einen Strudel springt", sagte Johanna und klopfte dem Fohlen liebevoll an den Hals.

Nach und nach goß das Mädchen immer mehr Wasser in das kleine Becken, das sie aus Stangen gebaut hatte. Schließlich stand Sameda mit allen vier Beinen bis zu den Fesseln im Wasser. Sie atmete ruhig und tauchte die feinen Nüstern in die kühle Flüssigkeit. Nichts erinnerte mehr an die Panik, in die das Fohlen noch vor kurzem beim Anblick von Wasser geraten war. Johanna sah zu Bernice hinüber, die etwas abseits bei Biba stand. Die alte Dame lächelte Johanna zu.

„Wir haben es geschafft!" rief Johanna. „Sameda hat keine Angst mehr vor Wasser!" Sie ging mit dem Fohlen zu Bernice und nahm ihre Hand. „Danke für deine Geduld und deine Mühe! Ohne dich und diese Ausbildungsmethode hätte Sameda vielleicht ein Leben lang vor jeder Pfütze gescheut. Und sie wäre ein unglückliches Pferd geworden!"

„Na, Kind, nun übertreib mal nicht", lachte Bernice. „Ich bin froh, daß ich euch helfen konnte. Viel lag wirklich an dir, an deiner Geduld und deiner ruhigen Art, mit Sameda umzugehen."

„Morgen möchte ich mit Ben und Betsy ausreiten und sehen, ob Sameda durch einen seichten Bach geht", sagte Johanna.

Bernice schüttelte den Kopf. „Du solltest nicht fragen, ob sie durch den Bach geht. Das klingt, als würdest du daran zweifeln. Du mußt Vertrauen in dein Fohlen haben. Sie ist bestens vorbereitet, also wird sie ohne Angst durchs Wasser gehen."

Johanna lachte. „Du hast natürlich wieder einmal recht. Also, ich werde morgen zuschauen, wie Sameda mutig durchs Wasser geht."

Früh am Nachmittag ritten Ben und Johanna aus dem Hof. Die Pferde hatten keine Eisen, damit sich der Schnee nicht unter den Hufen aufstollte. Ein paar Minuten später trafen sie Betsy auf Storm. Die Sonne ließ den Schnee funkeln, der Himmel leuchtete tiefblau. Sameda tollte ausgelassen herum, und Johanna, Ben und Betsy waren guter Stimmung. Die Luft war kalt und klar, und der Schnee knirschte unter den Tritten der Pferde. Sie schlugen einen leichten Trab ein und ritten in Richtung einiger Hügel, wo der kleine Fluß verlief.

„Hoffentlich ist er nicht zugefroren!" sagte Johanna, als sie sich den Hügeln näherten.

„Ich bin gestern hergeritten und habe nachgeschaut", rief Betsy. „Er ist offen und wirklich nicht sehr tief."

Du denkst aber auch an alles!" stellte Ben fest. „Schlittschuhlaufen hat Johanna Sameda nämlich noch nicht beigebracht!" Sie lachten. Bald kamen sie an ein Gebiet, das leicht anstieg und zum Galoppieren einlud. Die Pferde griffen kräftig aus, so daß der Schnee glitzernd nach allen Seiten stob. Erst auf der Anhöhe ließen sie ihre Pferde anhalten. „Ich bin gern hier oben", rief Johanna.

„Es ist ein besonders schöner Ausblick", stimmte Ben zu. Vor ihnen fiel das Gelände leicht zum Fluß hin ab. Auf der anderen Seite erhoben sich die rötlichen, verschneiten Berge, und nach Westen hin erstreckte sich, so weit das Auge reichte, die Mesa. Knorrige Zedernbüsche umgaben die Reiter und dufteten sogar im Winter noch würzig. Langsam ritten sie zum Fluß hinunter. Ben wählte die schmalste Stelle aus und lenkte Pinia darauf zu. Die Grauschimmelstute ging ohne Zögern ins Wasser. Betsy folgte mit Storm, und dann kam Biba. Johanna hielt Biba in der Mitte des Flusses an und wandte sich um.

Sameda stand am Ufer. Sie hatte den Kopf zum Wasser gesenkt und schnaubte aufgeregt. Ganz vorsichtig setzte sie zuerst einen Fuß ins Wasser, dann den nächsten. Sie ging ganz langsam auf Biba zu, bis sie an der Seite ihrer Mutter war.

„Sie hat es geschafft!" sagte Betsy.

„Das ist mein schönstes Weihnachtsgeschenk", rief Johanna strahlend. „Wir haben beide miteinander gelernt, keine Angst mehr zu haben."

„Stimmt", meinte Ben. „Dadurch, daß Sameda in den Strudel geraten ist, hattest auch du die Möglichkeit, deine Angst zu überwinden. Und nun hast du ihr geholfen, ihr Selbstvertrauen wiederzugewinnen. Ihr habt euch gegenseitig geholfen. So soll es sein zwischen Mensch und Tier!“

Johanna nickte. Sie trieb Biba an. „Die alte Annabell hat wieder recht gehabt“, meinte sie. „Ich möchte ihr zum Dank etwas für Weihnachten backen und ihr bringen.“

„Wir könnten doch alle zusammen backen und auch Harvey und Jill Weihnachtskekse oder einen Kuchen bringen“, schlug Ben vor.

Den Mädchen gefiel Bens Idee, und sie ritten angeregt und Rezepte austauschend weiter. Der Weg wand sich nun zwischen Felsblöcken und Bäumen am Fluß entlang. Erst als die Dämmerung hereinbrach, machten sie sich auf den Heimweg.

Johanna ritt die letzte halbe Stunde im Schritt, damit Biba und Sameda trocken zu Hause ankamen. Sie wußte nur zu gut, wie gefährlich es war, naßgeschwitzte Pferde im Winter am späten Nachmittag auf die Weide zu lassen, auch wenn man sie abgerieben hatte. „Ich will nicht, daß ihr die Nacht über feucht seid und krank werdet“, sagte sie liebevoll. Sie rieb Biba den letzten Rest von Schweiß aus dem Fell und vergewisserte sich auch, ob Sameda ganz trocken war. Dann erst brachte sie die Pferde auf die Weide. Es dunkelte, als Johanna überprüfte, ob die Tränke enteist war und den Tieren ihr Heu in die Raufen gab. Der Abendstern blinkte, als sie sich von den Pferden verabschiedete. Es roch nach Schnee und nach dem Rauch von Pinienholz, mit dem die meisten Leute hier um diese Jahreszeit die Öfen heizten. Schwere, dunkle Wolken türmten sich über den Bergen und versprachen noch mehr Schnee für Weihnachten.

Betsy und Johanna unternahmen ein paar Tage später einen Bummel durch die kleine Stadt, um noch ein paar Geschenke und Backzutaten zu besorgen. Überall auf den flachen Dächern machten sich Leute zu schaffen. „Sie stellen Lumineros auf!" erklärte Johanna.

„Ja, das ist eine spanische Tradition. Manche Leute nehmen braune Papiersäcke, die zur Hälfte mit Sand gefüllt sind, in die sie dann Kerzen stellen. Oft sind die heute aber auch elektrisch!" Ben sah zu den Dächern.

„Für mich ist es eines der schönsten Erlebnisse zu Weihnachten, jedes Dach mit den Lichtern geschmückt zu sehen", sagte Betsy. „Auch die Mäuerchen am Marktplatz sind voller Lumineros. Am Weihnachtsabend werden überall in der Stadt an den Straßen entlang und im Pueblo große Feuer angezündet."

„Das würde ich gern wieder sehen", sagte Johanna. „Sicher brennen die Feuer schon, wenn wir Annabell ihre Kekse bringen."

Am Weihnachtsabend dämmerte es früh. Johanna, Ben und Betsy waren auf dem Weg ins Pueblo. Florian war auch dabei, und natürlich saß sein Hund Friedel neben ihm. „Schaut nur, die vielen Lichter!" rief Florian aufgeregt.

Tatsächlich war die Straße von vielen, hell brennenden Feuern gesäumt. Überall waren Menschen, die sich um die Feuer drängten, lachten und sangen. „Warum haben sie so viele Feuer angezündet?" wollte Florian wissen.

„Sie feiern so die Geburt Jesu", erklärte Ben. „Du weißt doch, daß es heißt, daß er das Licht der Welt ist und Licht in die Finsternis gebracht hat. Deshalb zünden die spanischen Christen hier überall Feuer an, um die Geburt des Lichts zu feiern."

Als sie sich dem Pueblo näherten, sahen sie, daß jedes Dach mit Lumineros geschmückt war, die in der Dunkelheit leuchteten. „Das Pueblo sieht aus wie ein prachtvoller Palast", sagte Johanna bewundernd. Auch hier brannten überall große Feuer. Traditionell in Decken gehüllte Gestalten gingen von Feuer zu Feuer, und irgendwo in der Ferne hörten sie den dumpfen Klang einer Trommel.

Harvey und Margaret waren nicht zu Hause. So hängten Johanna und Ben ihnen ihr Geschenk an die Tür und machten sich auf den Weg zur alten Annabell. „Bleibt aber nicht so lange bei ihr", drängte Florian. „Wir wollen doch noch zu den Pferden! Und ich will auf keinen Fall zu spät zur Bescherung und zum Weihnachtsessen kommen."

Johanna lachte. „Keine Sorge, Papa hebt dir sicher den Nachtisch auf. „Als sie Florians Gesicht sah, fügte sie schnell hinzu: „Das war nur ein Spaß. Natürlich werden wir rechtzeitig zur Bescherung wieder da sein!"

Sie hatten Glück, Annabell war zu Hause. Heute war sie nicht unfreundlich; sie freute sich, als Betsy ihr das Päckchen überreichte. „Schön, daß ihr an mich gedacht habt", sagte die alte Indianerin. Sie legte Johanna die Hand auf die Schulter. „Du hast die erste Prüfung gemeistert. Ich bin zufrieden mit dir. Der zweite Abdruck des Kojoten erwartet dich noch. Sei bereit, bleib wach und mutig."

Johanna sah Annabell fragend an. Aber die alte Frau winkte ab. „Nicht jetzt", sagte sie, „alles zu seiner Zeit. Heute ist Weihnachten. Ihr wollt zu den Pferden, und ich werde sehen, ob mich meine Beine noch bis zur Kirche tragen!" Sie lachte. Dann verabschiedeten sie sich.

Biba wieherte leise, als sie Johannas Stimme hörte. Jill war auch mitgekommen; gemeinsam stellten sie Kerzen auf die Zaunpfosten der Weide. In ihrem milden Licht sahen die Pferde wie verzaubert aus.

„Fröhliche Weihnachten, ihre Pferde!" rief Florian. Er half mit, als Johanna und Jill die Futterbeutel verteilten. Bald hatte jedes Pferd seinen Beutel umgehängt und kaute zufrieden.

„Das ist wirklich eine gute Erfindung", meinte Ben. „Man vermeidet Futterneid und Balgereien und ist sicher, daß jedes Pferd seinen Teil bekommt. Schade, daß ich das nicht mit meinen Wölfen machen kann!"

Johanna betrachtete die Pferde nachdenklich. „Sie sehen so friedlich aus", sagte sie. Es wurde einen Augenblick ganz still, nur die Kerzen flackerten im Wind. Betsy stimmte ein Weihnachtslied an, und ihre Stimmen klangen über die Weide in die Nacht hinaus. Schließlich waren die Kerzen fast heruntergebrannt, und die Pferde hatten aufgehört zu fressen. Johanna und Jill nahmen ihnen die Futterbeutel ab. Dann verabschiedeten sich alle von den Pferden.

„Gute Nacht!" rief Florian. „Jetzt wird es Zeit für unser Essen!"

Johanna und Ben ließen die anderen vorausgehen, sie blieben ein wenig zurück. Johanna hakte sich bei Ben ein und sah zum Himmel hinauf. Die Sterne funkelten, und der Mond schien hell. „Was mag das neue Jahr uns bringen?" fragte sie leise.

„Wer weiß?" sagte Ben. „Aber was auch kommen mag, ich werde bei dir sein. So schnell wirst du mich nicht los!"

Johanna lachte und Ben zog sie zärtlich an sich. Aus der Ferne drang der Gesang eines Rudels Cojoten zu ihnen herüber. Die hohen Stimmen der wilden Hunde hatten etwas Geisterhaftes. „Es klingt so wild und fröhlich zugleich“, sagte Johanna. „Zum ersten Mal habe ich keine Angst vor ihnen. Ich finde ihren Gesang schön.“

Jetzt begannen die Kirchenglocken zu läuten und übertönten die Stimmen der Cojoten. Ben nahm Johannas Hand, und sie gingen langsam auf die Lichter des Farmhauses zu.

Die schönsten Pferdebücher von Andrea Pabel

Freica heißt mein freches Pony
Lustige Erlebnisse mit Tieren

Das Wildpferd aus den roten Bergen (Band 1)
Der Kampf mit dem Coyoten
Die Rettung der schwarzen Stute

Das Wildpferd aus den roten Bergen (Band 2)
Der Ritt durch die Schlucht
Die Begegnung bei der Quelle

Das Wildpferd aus den roten Bergen (Band 3)
El Moro und seine Herde
Wildpferde in Gefahr

Das Wildpferd aus den roten Bergen (Band 4)
Talio soll frei sein
Ein Fohlen sucht seine Heimat

Das Wildpferd aus den roten Bergen (Band 5)
Der schönste Wanderritt
Im mexikanischen Hochland

Das Wildpferd aus den roten Bergen (Band 6)
Ein Fohlen für Biba
Das goldrote Pferdekind

Das Wildpferd aus den roten Bergen (Band 7)
Zwei Fohlen, zwei Freunde
Spiel und Spaß auf der Koppel

Die Serie wird fortgesetzt